世界を読み解く
一冊の本

大槻文彦

言海

辞書と日本の近代

安田敏朗

慶應義塾大学出版会

「世界を読み解く一冊の本」

大槻文彦

『言海』辞書と日本の近代

目　次

凡例

一、新聞記事の場合は、本文中に情報を記し、巻末の参考文献一覧には掲載していない。

一、それ以外の資料で初出の場合は、（著者「論文名」、刊行年月、頁／著者『著書名』刊行年、頁）とし、それ以降は、（同前、頁）という形か、（著者「論文名」頁／著者『著書名』頁）などで示し、副題は割愛した。文章のながれで著者が明らかな場合は省いたところもある。副題および論文掲載誌名・巻号、著書出版社などの情報は、巻末の参考文献一覧で確認していただきたい。なお、引用文中の〔　〕は引用者による補足を、〔……〕は中略を示す。ルビは適宜採用、追加している。

一、敬称は略した。漢字は引用の場合でも、原則としていわゆる新字体を用いた。

序　なんのための辞書

国会と辞書

辞書の語釈が国会の場で話題になる、という出来事があった。

二〇一七年一月、「共謀罪」でどのような団体が摘発対象になるのかに関して、時の首相・安倍晋三がおこなった答弁中に「そもそも、罪を犯すことを目的としている集団でなければなりません」という文言があった（『第一九三回国会衆議院　予算委員会議録　第二号』二〇一七年一月二六日、三九頁）。となると、たとえばかつてのオウム真理教は、「そもそも」、つまり「もともと」罪を犯すことを目的として結成されたわけではないので、「共謀罪」の対象にはならない。この矛盾を山尾志桜里・民進党議員（当時）に突かれた首相は、「そもそも、そもそもという言葉の意味について、〔……〕辞書で調べてみますと、辞書で念のために調べてみたんですね。念のために調べてみたわけでありますが、これは基本的にという意味もあるということもぜひ知っておいていただきたい」と得意げに答弁する（『第一九三回国会衆議院　法務委員会議録　第十一号』二〇一七年四月一九日、三頁）。

しかし、「そもそも」に「基本的に」という意味があるのか、どの辞書を調べたのかという民進党議員からの質問書に対し、政府は三省堂『大辞林』第三版（二〇一六年）に「どだい」の意味があり、「どだい」とは「物事の基礎。もとい。基本」とあるから、「そもそも＝基本」なのだ、という政府答弁書を閣議決定した。

おや？ と思う。なんだろう、首相はつねに正しいのか？ 本当に辞書を調べたのであれば強引な解釈であり、辞書のつかい方を知らないことになる。また、実際にはない辞書の記述を示したのであれば、調べてもいないのに「調べた」と嘘をついたことになる。素直に誤りを認めればいいものを、権力でもって黒を白にしてしまった。

そこまでして「そもそも」を「基本的に」にしたところで、矛盾を説明したことにはならないし、「基本的に」ということだとすれば例外をいくらでも設定できることになり、「共謀罪」のもつ危険性を暗示するのではないか。だからかえって問題が大きいと思うのだが、議論はこれ以上深まることはなかった。

しかし、『毎日新聞』校閲部記者・岩佐義樹は以下のように批判する。答弁の「そもそも」は、副詞としての用法だが、辞書に載っているからといって「どだい」の副詞用法と等価にはできない。副詞としての「どだい」は否定的な表現をともなうことが多いからである。それはそうだ。首相の「そもそも、罪を犯すことを目的としている集団でなければなりません」発言の「そもそも」を「どだい」に置きかえてみればわかる話である。

しかしながら、そんなの関係ないとばかりに、さらにここから名詞としての「どだい」にむりやり接続させ、「基本」と等価にさせる。そうなると「そもそも」が名詞の「基本」と同じになって不都合だから「的に」をつけて「基本的に」と副詞的用法に復帰させる（「基本」を副詞的につかうこともないわけではない）というかなりアクロバティックな操作をしたわけである（「「そもそも」＝「基本的」閣議決定／文法的に「どだい」無理」『毎日新聞』二〇一七年五月一三日）。

この操作は官僚がおこなったのだろう。首相は官僚の作文を読んだにすぎない。しかしこの作文をした官僚は、おそらく意図的であろうが、辞書の語釈に付された品詞の記号を無視している。本書であつかう『言海』が、語釈に品詞分類をつけ、その後の辞書に影響をあたえたというのに、これでは辞書を恣意的につかっているとしかいいようがない（優秀な官僚はそんなことは百も承知なのだろうから、意図的に無視したと考えるほかない）。

ところで、「〜的」について、『言海』の著者、大槻文彦（一八四七年〜一九二八年）があるエピソードを紹介している。明治初期に、大槻がいた英学塾・三叉学舎の塾長・箕作秋坪《みつくりしゅうへい》（一八二六年〜一八八六年）の紹介で翻訳を請け負っていたところ、翻訳仲間が systematic を訳しづらかったときに「tic」が「的《テキ》」と音が似ているから「組織的」と戯れに訳して提出したという。「〜的」ということばが耳慣れていなかったことがわかるのだが、それでも何の問題もなくお金がもらえた。組織「上」でも「風」でも「様」でもいかようなことばを用いてもよいのに、戯れの「的」がその後、そう訳さねばならないという規範となってしまったというのである。もともとのきっかけを知っているから自分はばからしくて「〜的」などということばは一切つかっていない、とのちに回想している（「文字の誤用」一九〇一年七月）。さらに後年になると「我等が一時の悪戯より此奇怪なる文字を世に行はれしめたり、今更に罪の謝すべきなし」というまでにこのことばは定着する。翻訳仲間は「支那の小説、水滸伝・

金瓶梅など耽読していた者あり」というので、そこでよくつかわれていた「的」に親しんでいたとも指摘している（「国語語原考」（第五回）一九二〇年三月、三二、三三頁）。よって本書でも「〜的」はつかう。このあたりに大槻の韜晦《とうかい》をみてもよいのであるが、とりあえずは書いてあることにしたがう。

それにしても、「そもそも」＝「基本的」をわざわざ閣議決定した、という話を大槻がきいたら、二重の意味で、なんとばかげたことを、と開いた口がふさがらないにちがいない。

この校閲記者の意地をみせた新聞記事は「強引に取り繕うのはおよそ教育的とは言えず、国語への悪影響が懸念される」との一文で締めくくられている。ただ、これはまたこれで、検討すべき辞書と国語との関係をあらわしている。首相の無謬を示すために辞書の意味を恣意的に改変することが国語に影響をあたえるのでよろしくないという主張は一見もっともだが、国語の「正しさ」を保証するものが辞書なのだという意識を前提にしている点を考えなければならないだろう。

辞書と語義――『一九八四年』的世界のなかで

首相の無謬を示すために辞書の意味を恣意的に改変することが閣議決定で、つまりは政府の権限でなされるという末期的な世の中を生きていかねばならないのは辛いことである。こちらの方がよっぽど教育上よろしくない。まちがいを素直に認める、それこそ「道徳」の教科で教えるべきことがらではないのか。

それはともかく、これは辞書の政治利用ではないか。毎日新聞記者の主張とは異なるが、辞書が国語の「正しさ」を保証するものではないと叫びたくもなるし、ことばの「正しさ」はだれが決めるものなのか、そもそも決められるものなのか、そしていったいことばをつかっているのはだれなのか、と問いたくもなる。

このような形で辞書が政治利用されるさまをみせつけられたいま、オーウェル『一九八四年』のなかの「附録　ニュースピークの諸原理」で示される、「ニュースピーク辞書」の位置づけ――党の編纂する辞書があたえる以外の意味を排除し、そのなかでだけ思考させるというもの――が、フィクションとは思えない空恐ろしさをもってせまってくる。

この小説の舞台、「オセアニア」を支配する党の三つのスローガンが「戦争は平和なり／自由は隷従なり／無知は力なり」とされていることも考えあわせると、ことばの意味を知らなくても、正確にいえば党の規定する意味だけを知っていれば、隷属という名の「自由」が得られるということになる（『一九八四年』については本シリーズも参照）。

首相の場合は、無知であってもまわりが「忖度」して、「力」に変えてくれるわけなのだが、そうでない人びとは「そもそも＝基本的に」と覚えること（「隷従」である）で「自由」が得られるというわけである。この空恐ろしさは「共謀罪」同様、多くの人にとってはすでに理解しにくいものになっているのかもしれない。

文明国標準としての辞書

先ほど、「辞書の政治利用」といった。ここには、辞書そのものは政治的に中立なのに政治に利用されてしまった、というふくみがある。ただ、辞書が政治的に中立という前提もあやしいといえば、

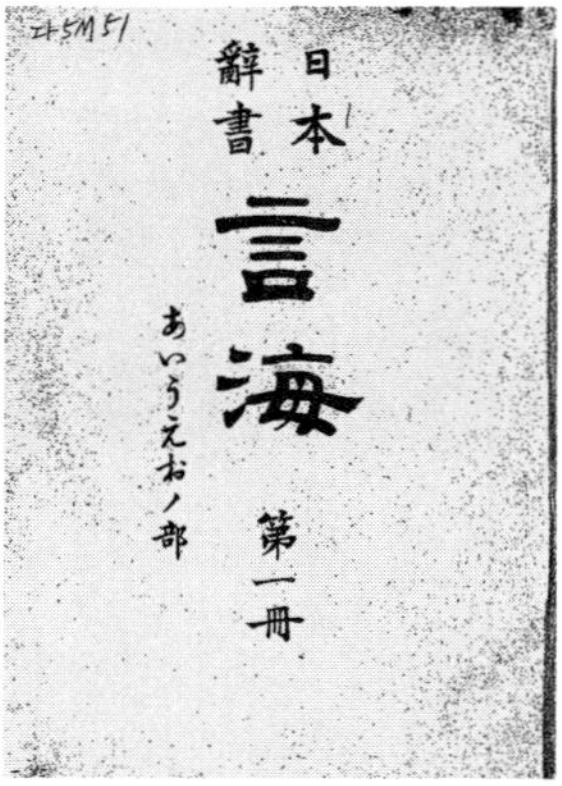

図１　『言海』初版第一分冊表紙（国立国会図書館デジタルコレクション）

あやしい。のちにみるが、『言海』はもともと国家事業として企画されたものであった。『言海』をもちだすまでもなく、辞書の編纂はつねに政治的に利用されてきたともいえる。

かつて私は「文明国標準としての辞書」という位置づけをおこなってみた（安田敏朗『辞書の政治学』二〇〇六年）。「文明国標準」とは、近代日本が国際関係にくみこまれていくなかで「国際法の主体として西洋諸国と対等な権利義務関係をもつ当事者能力」を獲得していくために国際社会から要求されたさまざまな要件（たとえば「外国人の生命、自由、財産を十分に保護する用意があるかどうか」など）である（山室信一『思想課題としてのアジア』二〇〇一年、四〇—四一頁）。これをふまえて考えると、「文明国標準としての辞書」とは、文明国にはそれにふさわしい辞書があるべきだ、ということになる。ただ所詮辞書は辞書、おおげさにとらえすぎだ、と思われるかもしれない。

しかし、くりかえすが、辞書の編纂は国家事業として企画された。結局は後述のように大槻の努力により『言海』の刊行（四分冊で一八八九年から一八九一年にかけて刊行。図1）がなされたわけであるが、近代国民国家の運営に必用な言語＝国語をつくりだすことが不可避ななかで（安田敏朗『「国語」の近代史』二〇〇六年ほか）、その国語を具体的に示すものとして辞書をとらえることができる。

この点についてもう少し確認してみたい。『言海』の刊行が無事におわり、一八九一年の六月に完成祝賀会が東京芝の料亭紅葉館で開催された。紅葉館とは一八八一年二月に落成し、一九四五年三月の東京大空襲で焼失した、社交クラブ・高級料亭である（現在は跡地に東京タワーがたつ。池野藤兵衛『料亭　東京芝・紅葉館』一九九四年など参照）。

そのときの参加者は初代内閣総理大臣・伯爵・伊藤博文（当時は枢密院議長、一八四一年〜一九〇九年）、伯爵・勝海舟（枢密顧問官、一八二三年〜一八九九年）、伯爵・大木喬任（文部大臣、一八三二年〜一八九九年）など三〇余名を数えた。肩書きをみればわかるように、こうした「例がないくらいに政治の世界の色が濃い」顔ぶれ自体が「『言海』という辞書が明治日本に占めている位置を示しているのだ」と、大槻文彦の評伝の決定版といえる高田宏『言葉の海へ』（一九七八年、二二頁）は強調している。これもまた「辞書の政治利用」といえるだろう。のちに述べるように、大槻は仙台藩士であった。

他の来賓を以下に記す。山田顕義・榎本武揚・伊達邦宗・谷干城・土方久元・杉孫七郎・細川潤次郎・加藤弘之・重野安繹・黒川真頼・木村正辞・菊池大麓・津田真道・花房義質・浜尾新・松平正直・船越衛・辻新次・物集高見・矢野文雄・高田早苗・陸羯南の名前が残されている。錚々たる、といってよい来賓である。なお、伊達邦宗の兄・宗基は最後の仙台藩主である。

大日本帝国憲法の公布は一八八九年、『言海』刊行開始の年の二月一一日のことであった。そして一八九〇年一〇月三〇日には教育ニ関スル勅語（教育勅語）が発布されている。「文明国標準」を整え、欧米列強との不平等条約の改正をめざしていた帝国日本が、条約改正に直接は作用しないとはいえ、『言海』というさらなる「文明国標準」を求め、それを得たとみることもできる。

『言海』刊行の祝辞から

祝賀会にも参加していた陸羯南《くがかつなん》（一八五七年〜一九〇七年）が主筆をつとめる新聞『日本』は、伊藤博文の祝辞を掲載している（ほかに『読売新聞』も）。そこで伊藤は、明治以降「文明諸国と駢進《べんしん》〔つらなってすすむ〕するの方針を取れる以還《いかん》〔このかた〕制度文物の大より風俗習致の小に至るまで輸入せさるはなく随て日に月に新意義を有せる言辞文字を増し其の言と文との懸隔をして一致ならしむるの必要を感せるや極めて切なり」という状況のなかで「一大指南車を与へされは則ち言文倶《とも》に紛乱し遂に名状すへからさる変体と成果てんことを憂ふる」という。さらに外国人が日本語を学ぶときの基準となるような文法書などもない、としたうえで、こうした「欠点」を補えるものが、大槻の『言海』にほかならない、とつづけていく（「伊藤伯の祝詞」『日本』一八九一年六月二五日）。

文明開化にともなう、ことばをふくんださまざまな変化を統御する指針としての辞書という位置づけが伊藤のなかでなされていることがわかる。

また、大槻がのちに『言海』となる辞書編纂の命を受けたときの文部省報告課課長であった西村茂樹（一八二八年〜一九〇二年）の『言海』完成祝宴の際の口演によれば、一八七三年の設置当時に報告課で企画していたことは、

〔……〕教科書ノ文法ト仮名遣ト申シマセウカ、ソレヲ一定シタイト云フガ一ツ。モ一ツガ学術ノ言葉ト外国ノ地名ト人名ヲ一定シタイト思ッタノガ一ツ、ソレカラ其ノ次ニ日本ノ歴史デゴザ

リマス。日本ノ歴史ガ其ノ頃マデノ歴史ハ一種ノ昔ノ日記ヤ軍記ノヤウナモノデ、歴史ト云フ姿ニナツテ居リマセンカラ、ソレヲ直シタイト云フガ一ツ。モ一ツガ字引デゴザリマス、字引モ大分ゴザリマシタケレドモ、大抵節用集ノヤウナ粗末ナモノバカリデアルカラ、ソレヲ拵ヘタイト云フノガ一ツデゴザリマシタ、モ一ツハ学術語類ト申シマスカ、英語デゑんさいくろぺぢやト云フヤウナモノヲ作リタイノガ一ツ、モ一ツハ〔……〕大学校ノ教授ヲ日本語デスルヤウニシタイ〔……〕

という六項目であったという（山田俊雄「「日本辞書言海」完成祝宴における祝辞二種の筆記について」（一九八〇年九月）に、西村茂樹と加藤弘之の祝辞の筆記が掲載されている。引用は七二頁）。引用文中の「節用集」については、Ⅱ章の「五十音排列という新秩序」でふれるが、これは語釈をもとめるものではなく、文字通りの「字引」つまりよみから漢字をもとめるための実用書のことである。また、この最後の項目など、「大学校ノ教授ヲ」英語でおこなうことが目的化している現在、よくよく味わうべきことがらである。

西村はこの時点で完了しているのは「字引」つまり『言海』だけだとしているのだが（その他の項目も徐々に実現されていく。たとえば明治政府の歴史編纂事業については、メール『歴史と国家』二〇一七年などに詳しい）、結果はともあれ国家の意思として辞書編纂が企画されたことに注意したい。

藩閥を越える可能性——辞書の近代

もう一点つけくわえておきたいのは、『日本』の「言海完成の祝宴」(一八九一年六月二四日)で、宴は午後九時半ごろまでつづき「近来珍らしき嘉会にして特に仙台諸名士の其の同郷人の為めに尽すことの厚きは来賓の共に感したる所ならん」とやや情感をこめて記されている点である。この一文をわざわざ記した記者の思いを、考えてみたい。

大槻文彦の父・盤渓《ばんけい》(一八〇一年~一八七八年)は仙台藩の儒者で幕末には開国を主張、戊辰戦争の際に結成された奥羽越列藩同盟の盟主となった仙台藩のなかでも枢要な位置にあった。戊辰戦争敗戦後の仙台藩の敗戦処理は熾烈を極め、盤渓も入牢、一時処刑の話もあった(星亮一『奥羽越列藩同盟』一九九五年など)が、無事出獄している。

そして、『言海』刊行の費用を援助し、完成祝賀会の労をとったのは富田鉄之助(前日銀総裁、貴族院議員、一八三五年~一九一六年)、旧仙台藩士である。大槻とともに、一八八一年に在京の仙台藩出身学生のための奨学育英団体である仙台造士義会を設立している(初代会長は富田、二代目が大槻)。仙台藩出身の名士に声をかけ、あるいは薩摩出身であるものの藩閥政治には批判的であった男爵・高崎正風(宮中顧問官、一八三六年~一九一二年)をまきこんで開催にいたった(高崎とは、大槻はかなじ専用を主張する団体、「かなのくわい」で面識があり、またともに妻を亡くすという悲運が共通し、高崎も出版の祝宴に尽力したという)。

戊辰戦争では直接戦闘に関与しなかったとはいえ、長州の伊藤博文を招いた祝宴がなごやかにおこなわれたということは、恩讐をこえて明治国家の安定を、弘前藩出身の陸羯南に印象づけたのかもしれない（この記事に署名はないものの、陸は祝宴に参加していた）。それが「言海完成の祝宴」の筆致にあらわれているとみてもよいのではないだろうか。

もちろん話はそんなに簡単なものではないだろう。戊辰戦争敗北以降、「白河以北一山百文」とさげすまれてきた東北地方である。南部藩出身の原敬（一八五六年〜一九二一年）が内閣総理大臣になるのは、まだ先の一九一八年を待たねばならなかった（南部藩と弘前藩は宿怨があるわけでもあるが）。

さらに、『日本』の「民間の偉功に報酬なき乎」（一八九一年六月二八日）もおそらく陸羯南によるものだろう。そこでは『言海』について「吾人が日常用ゆる所の語料数万個を挙けて一々之に解説を加へ、且つ其の種類を分ちて又た語法を示し、之れを一大冊に網羅し尽したるは明治の時代著述出版ありて以来曽て見さる所の偉業」であり、「国にして邦語字典なきは独り其の邦人の不便利にあらす又た外人の不便利なり、独り学者社会の不名誉にあらす又た国家全体の不名誉なり」とする。それなのに大槻ひとりの一七年にわたる努力でなされたことをふまえ、こうした偉業・偉功に対して報酬をあたえないのは「国家の為め社会の為め明治の昭代の為めに深く之を遺憾と為すのみ」と論じる。

国家が報酬をあたえるべきだという主張には、本来ならば国家の事業であるはずなのに、という含意をよみとることもできる。この記事では大槻のほかに、経済学者・実業家の田口卯吉（一八五五年〜一九〇五年）が刊行した『泰西政事類典』『大日本人名辞書』『日本社会事彙』に対しても同じく国家が報酬をあたえるべきだともしている。陸のいわゆる「国民主義」的主張ともいえるが、田口の父は幕臣であり明治維新後徳川慶喜の静岡移封にともない田口は父とともに沼津に移っている。見方によれば、旧藩士、旧幕臣の子息に報酬をあたえるのが明治国家のなすべきことだ、という論にとれなくもない。

ただ、『読売新聞』の社説「二大新著を論じて文学奨励の方法に及ぶ」（一八九一年六月三〇日〜七月三日）でも大槻の『言海』と田口の『日本社会事彙』をとりあげて、「之を表彰するは実に国家の義務なり、国家豈に之れを怠る可けんや」（七月一日）としており、あまり深読みをしなくてもよいのかもしれない。

新世代と辞書――上田万年の場合

若干、幕末維新期の経験を軸にした話になってしまったが、その記憶のない世代の『言海』への反応も少しみておくことにしたい。

『言海』の第一分冊が刊行される直前、帝国大学を卒業したばかりで大槻より二〇歳年下になる国語学者・上田万年《かずとし》（一八六七年〜一九三七年）が辞書に関する講演をおこなっている。そこではまず、「よく一国全体の語を網羅したるものを、一国の大辞書と称すべし」としたうえで、「一国に善き辞書なきことは、外にありては一国に学者なきこと、即ち一国人民の智識の欠乏することを、示すものにして、内にありては学徒修学上、一大障碍をいたし、従つて学問発達の妨害をなすものなれば、苟も国の名誉を思ひ、国の利益を計るものは、深く玆に鑑みさるべからさるなり」と述べていた。これもまた、「文明国標準としての辞書」という位置づけからくる発言と考えてよいだろう。

ここで、「一国全体の語を網羅」という表現に注意したいのだが、上田は刊行間近の『言海』を念頭においていた。つまり、「この週間に得たる報によれば、大槻文彦氏も、亦かつて文部省にて従事せられたる言海とかいふ辞書編纂の業を担当して出板せらるゝよし」を上田が聞き「こゝに於てか予輩は、わが日本の文学社会も他年来衰頽せる運命を挽回して、あはれ燦然たる東洋一大国の文学社会たる基礎を開けりといはんと欲す」と喜ぶのであった（上田万年「日本大辞書編纂に就て」一八八九年二月、六三、六一頁）。ここでいう「文学」とは、いま現在考えるような文学ではない。たとえば『言海』では、「（一）書ヲ読ミテ講究スル学芸、即チ経史詩文等ノ学。（武芸ナドニ対ス）（二）又、語学、修辞学、論理学、史学、等ノ一類ノ学ノ総称」とある。ここでは学問という意味である。

上田自身は文明国云々について、少なくともここでは述べていない。しかし、「衰頽せる運命」にあった日本の文学社会、すなわち学問の世界が「東洋一大国の文学社会」となるための基礎が、『言海』であることを明確に示している。きちんとした辞書がないと困るし、対外的に恥ずかしいという思いは伊藤博文と共通している。

たかだか辞書ではないか、辞書がなくても人は死なない、という茶々を入れてもいい。しかし、「ことば」そして辞書というものに上田がいうような役割が求められたのが近代という時代であった、ということもできる。『言海』以前にも当然、辞書と呼ばれるもの、あるいは字引と呼ばれるものは存在していたが、のちにみるように、『言海』が近代辞書のはじまりとされるのは、語の記述のあり方という形式の問題もさることながら、こうした「ことば」と（ある程度運営の安定した）国家との結合を呼びこんでいるため、といってもよいだろう。これは大槻が意図したことではないが、そのように「利用」されていったとみることができるのである。

「読み物」としての『言海』

序章から少し飛ばしてしまった。「辞書と政治」を意図的に強調していると思われてもいたしかたがない。それはそうなのであるが、政治というからきな臭くなるのかもしれないので、時代の流れから自由ではない、といえばよいだろうか。この点は『言海』の著者である大槻文彦も例外ではない。

本シリーズ「世界を読み解く一冊の本」のほかの著名な著作とは異なり、本書があつかうのは、そこそこ著名とは思うものの、辞書『言海』であり、「著作」からイメージされる「構成」があるようには思えない。もっとも、『旧約聖書』や『クルアーン』を最初から最後まで読みとおすのは熱心な信者や研究者だけなのかもしれないが、それでも最初から最後までの構成というものが存在している。

しかしながら、『言海』の場合は、Ⅱ章でみるように「本書編纂ノ大意」「語法指南」「ことばのうみ　の　おくがき」などが付されているものの、構成を支えるのは五十音順の排列でしかない（後述するようにそれはそれで当時は新しい企画ではあった）。その排列にしたがって著者・大槻文彦が選んだ単語とその語釈が並べられたものが、「本文」に相当するものである。最初から最後まで読みとおすことが前提とされた「著作」といえるわけではない。

しかし、『言海』で「著作」を引いてみると、「著述」を見よとある。そこで「著述」をみると「アラハシノブルコト、事ヲ記シテ書物ニ作リ世ニ出スコト。著作」とある（原文のヿはコトに直す。合字はひらいた。以下同）。そして「書物」は「フミ。文書《カキモノ》ヲ綴《ト》ヂタル物、版本、写本、共ニイフ」などとある。大槻自身「事ヲ記シ」た「文書《カキモノ》」として辞書をとらえていたとすれば、へりくつになるが、これは立派な著作物となる。
本書をきっかけとして、『言海』を手にとって「著作」として読む人が生まれるのか、それは私の手腕にかかっているといえるのかもしれないが、保証のかぎりではない。

辞書は読まれたのか

現在、『言海』を読もうとすれば、二〇〇四年にちくま学芸文庫で復刻されたものが手にとりやすい。文庫版サイズで活字も小さいが、これは縮刷版『言海』――『言海』はさまざまな大きさの版が刷られた――とほぼ同じだそうである。その復刻版『言海』の解説を書いた、評論家・武藤康史は、夏目漱石『明暗』(一九一七年)や里見弴『おせつかい』(一九三二年)などに『言海』が登場する場面を引用し、『言海』が有効に利用されていない描写であることを指摘、「『言海』の実態に即していない形でその名が用いられている。国語辞典の代名詞というような扱いである。『言海』の知名度は十分推し測られるが、国語辞典として実際の用に耐えるというような使い方がどのくらいされていたのか、どうもはっきりしないのである」としている(「国語辞典の利用者の系譜」二〇〇〇年、一四一頁）。

「文明国標準」だなんだといっても、実際にどのように利用されているのかわからないではないか、というわけである。そもそもみな日々辞書を引いているのだろうか? 文明国にふさわしい(とされる)辞書が存在しているということでだいたいが満足し、ひとつの象徴と化しているともいえるのではないか。名前は知っているけれどもつかったことはない、という存在である。それは辞書のあり方としてひとつの成功を示してもいる。

一方で、芥川龍之介が『澄江堂雑記』のなかで『言海』の「ねこ」の語釈について「窃盗ノ性アリ」などと書いている点を茶化していることは比較的知られているが、こうした「辞書好き」は一定数いるとしても、たとえば国語学者・松村明（一九一六年〜二〇〇一年、『大辞林』（初版一九八八年）を編纂してもいる）は一九三〇年、中学二年生のときに『言海』（縮刷版、五五一版）を購入したものの、「元来は、国語の難解なことばについて、その語義などを明らかにするために、この辞書を求めたのであるが、実際のところ、そのような目的のために、この辞書をひいてみたことはあまり多くはない」と回想している。「折りにふれては、あちこちと拾い読みしては楽しんできた」のだそうだ（「回想・この一冊　大槻文彦著『言海』」一九七二年一一月、一六一頁）。余暇の楽しみ、といった感じだろうか。もちろん、こうしたつかい方だけがなされていたわけではない。

辞書の内容を使用者として批判的に検討するのは、花森安治（一九一一年〜一九七八年）が編集していた『暮しの手帖』（一九七一年二月）の「国語の辞書をテストする」まで待たねばならなかった。これは日々の暮らしに欠かせない商品をさまざまな側面からテストする、というこの雑誌の趣旨から、『広辞苑』などの中型辞書ではなく、収録語数四万から七万語の国語辞典八種の商品・実用品としてのつかい勝手のよさ、暮らしの役に立つかどうかという観点から語釈の内容の正確さについて検討＝商品テストしたレポートであった。

結論として、古語やむずかしい漢字語が過剰であったり、「煮切る」「ドライクリーニング」など家庭生活に関わる単語の説明がまちがっていたりするなど、どの辞書も十分なものではなく、いま普通につかわれていることばについて、より親切な解説のある辞書が必要なのだ、という主張にいたる。

こうしたややしかつめらしい辞書の読み方ではなく（といって、思春期の男子が気になる単語を引いて悶絶するようなことでもなく）、語釈を書いた主体を設定し、その主体に想像力をはたらかせて語釈を楽しむという読み方は、山田忠雄（一九一六年〜一九九六年）を主幹として編集された『新明解国語辞典』（三省堂、一九七二年）の独特な語釈を読む、というところにはじまる。この辞書は『明解国語辞典』の第三版を改称したもので、これとは別に見坊豪紀《けんぼうひでとし》（一九一四年〜一九九二年）が編集した『三省堂国語辞典』が誕生する（ことの経緯は、柴田武監修・武藤康史編『明解物語』（二〇〇一年）、佐々木健一『辞書になった男』（二〇一四年）などを参照）。

『新明解国語辞典』の序文においてこの辞書からの剽窃を禁じるとうたいあげたこともあり、その語釈を「誤釈」だとする指摘が当初はなされていた（「嘆かわしい〝権威〟ある辞典」一九七二年四月一四日）。ところが、二〇年ほど経つと、語釈の「偏り」に辞書編纂者の個性をみいだし（ときには毒舌を吐いているようにも読める）、それだけをネタとして本が編まれるようになる。その本のタイトルが、『辞書がこんなに面白くていいかしら』（西山里見とＱＱＱの会編述、一九九二年）であることが示すのは、辞書は面白くないもの、という一般的な見解である。この本では『新明解国語辞典』は「新解さん」と擬人化され、以降、赤瀬川原平『新解さんの謎』（一九九六年）、鈴木マキコ『新解さんの読み方』（一九九八年）、夏石鈴子『新解さんリターンズ』（二〇〇五年）などが書きつがれていく。さらに、「新解さん」の語釈をモチーフにした梅佳代による写真集『うめ版』（二〇〇七年）は、遊び心あふれ「読み物としての辞書」のひとつの到達点ともいえる。

「読み物としての辞書」という特定ジャンルが成立したとはいえるが、「新解さん」、版を改めるごとにおとなしくなってしまったようで、最近毒抜きされた感があるとのことである。また、辞書を擬人化してその特徴をとらえる系譜に位置づけられる、「学者芸人」サンキュータツオ『学校では教えてくれない！　国語辞典の遊び方』（二〇一三年）では一一種の辞書が独自の視点で紹介されている。

『言海』と資料について

さて、本書であつかう『言海』については、その成立から構成について、さまざまな専門的な先行研究がある。成立から増訂版の『大言海』にいたるまでを丹念に追った、犬飼守薫『近代国語辞書編纂史の基礎的研究』（一九九九年）が基礎研究の成果といえる。資料についていえば、『言海』の初版本の複製と大槻が手をいれた手稿の複製が『稿本　日本辞書言海』（図録付、山田忠雄編集責任、一九七九年～一九八〇年）として刊行されている。

のちにふれるが、当初四分冊であった『言海』は合冊となり縮刷版ができ、版を重ねていった（図2）。大槻没後に『大言海』が刊行されたこともあり、『言海』『大言海』ともに古書店などでの入手はさほど困難ではない。もっとも手にとりやすい『言海』は、先にもふれた、ちくま学芸文庫に武藤康史の解説を付しておさめられたものであろう。これは一九三一年三月一五日刊の縮刷版第六二八刷をサイズもほぼそのまま文庫にしたものであり、活字の大きさ（小ささ）、本の厚さなどをふくめて、この辞書のつかい勝手を体験することができる。こちらのちくま文庫版も版を重ねている。

著者の大槻文彦に関しても、先の評伝『言葉の海へ』をはじめとして手にとりやすいものから学術論文まで多角的に研究が積み重ねられており、本書で何か新しい知見を付けくわえるようなことはできない。

さらに、『言海』の収録語彙とその表記のあり方などを分析した国語学者・今野真二による、その名も『「言海」を読む』（二〇一四年）、『『言海』と明治の日本語』（二〇一三年）があり、ある視点から集めた明治の語彙の集積と解釈として論じることはすでになされている。今野は、『言海』は刊行された一八九〇年ごろの「日本語のあり方」をよく反映して作られたものであると評価（『「言海」を読む』一八三頁）しているので、その当時の文章を読むという「実用」には十分にかなう。

一方で、『言海』をひとつの読み物として読むことは、むずかしい（好きな人は好きだろうとは思うが）。そもそも、読み物として読むとなると、国語辞書編纂をなりわいとする飯間浩明でも、すでに紙の辞書は主役ではなくなっていると認めているように、インターネット検索が主流となって、手にとって読む一冊の本としての存立さえ危うい状況になってきている。だから多様な辞書のあり方を考えよう、と飯間は『国語辞典のゆくえ』（二〇一七年）で主張する。

図２ 『新編　大言海』（冨山房、1982年、右）と『言海』縮刷版２版（冨山房、1904年）

形態においてすらそうであるのに、なぜ『言海』を「読み解く」のか、となると、なかなか明快な話はできない。よって本シリーズのタイトル「世界を読み解く」という視点が必要になってくるのだが、『言海』で読み解く世界とは、いったいどういうものになるのだろうか。

現時点でその世界の輪郭はうかびあがってこないので

あるが、先行研究をたよりに、『言海』全体の構成や、著者・大槻文彦の生涯や業績のなかでの位置づけが、読み解くために必要なのはもちろんであるが、辞書と規範（先にふれた国語の「正しさ」を辞書が保証する、という意識）と国語とナショナリズム・政治とのむすびつきという観点もふくめ、『言海』という辞書が必要とされた背景、あるいは社会にあたえた影響、そして著者・大槻のあずかり知らぬところで展開される言説が流通する「世界」を読み解くというところに本書の目標をおいて、書きはじめることにしたい。

なお、とくに断らなかったが、使用した資料のなかには国立国会図書館デジタルコレクションとしてインターネット上で公開されているものも多い（『復軒雑纂』など）。実は、『言海』初版もみることができる。接続できる環境にある場合は、ぜひとも「原文」もご覧いただきたい。

I 大槻文彦とその時代

大槻文彦とはだれか

『言海』の著者・大槻文彦の紹介を、まずは辞典からの引用でおこなう。

田鍋桂子の筆になる「大槻文彦」（『明治時代史大辞典　第一巻』二〇一一年）には以下のように記されている。長くなるが、基本情報がつまっているので、まずはお読みいただきたい。また、ときどきこの引用にもどってくることがある（図1）。

おおつきふみひこ　大槻文彦　一八四七―一九二八　明治・大正時代の国語学者、辞書編纂家、史伝家。弘化四年十一月十五日（一八四七年十二月二十二日）江戸木挽町（東京都中央区）に生まれる。諱清復（「きよしげ」、または「きよもと」とも）、字文彦《ぶんげん》、通称復三郎、のちに文彦〔ふみひこ〕。号に復軒、かなのやのあるじ、秋萍居士、黒石斎など〔名前に「復」の字が入るのは、冬至＝一陽来復の日に生まれたから〕。父は漢学者で仙台藩校養賢堂第七代学頭であった大槻盤渓（平次）、祖父は蘭学者の大槻盤水《ばんすい》（玄沢）〔一七五七年〜一八二七年〕、兄に『新撰洋学年表』を表した如電《じょでん》〔一八四五年〜一九三一年〕がいる。幼少より家学〔漢学〕を授けられ、祖父の志を継げという父の命により、文久二年（一八六二）に洋書調所（開成所）で英学修業を開始。同年藩命により仙台へ一家で移住、養賢堂で漢学・剣術を学び、教員にあたる諸生主立仮役も命ぜられる。その後、洋学稽古人となるも、本格的に英学を学ぶため再び江戸へ出て、〔英国聖公会宣教師ベーリー（Buckworth M. Bailey）が一八六七年から刊行していた日本語新聞である〕『万国新聞〔紙〕』の編集員な

図１　大槻文彦　署名入り写真（印刷）

どをつとめながら〔学資を稼いで、ただし、六、七号で辞める〕、横浜の米国人宣教師ら〔のちにふれる大槻の「自伝」によれば、バラ (James Hamilton Ballagh)、タムソン (David Thompson)〕について学んだ。また大学南校（開成所）や、箕作秋坪の英学私塾である三叉学舎でも学び、三叉学舎では幹事をつとめた。幕末から明治初めには仙台藩士として、江戸・横浜で情報収集活動や武器調達などに携わった。〔戊辰戦争で新政府軍に〕藩が降伏し、父盤渓が入獄すると、仙台に戻り、父の助命嘆願のために奔走した。明治五年〔一八七二〕、文部省に八等で入省。字書取調掛となり、『英和大字典』（未完）、教科書の編纂に従事、師範学校で物理書も教授した。六年〔一八七三〕には宮城師範学校設立御用掛となり、校長として赴任。八年〔一八七五〕に帰京、文部省報告課勤務となり、日本辞書の編纂を命じられる。その後、音楽取調掛も兼任しながらほぼ独力で辞書の編纂を続け、『(日本辞書) 言海』を私版として二十二年〔一八八九〕—二十四年〔一八九一〕に刊行した。また辞書の基礎となる日本語文法の研究にも力を注いだ。二十五年〔一八九二〕から二十八年〔一八九五〕まで宮城県尋常中学校校長として赴任。在任中には宮城書籍館館長、小学校図書審査委員、宮城県教育会中央部委員、宮城県誌編纂委員もつとめている。また、国語国字問題にも関心が深く、明治十年代には「かなのくわい」に代表される、かな専用を主張する団体の中心メンバーとして活動。三十年代には帝国教育会の国字改良部や言文一致会などに属し、国語国字改良を積極的に主張、その後三十三年（一九〇〇）文部省の国語調査委員を経て、三十五年（一九〇二）に官制発布、発足した国語調査委員会（〜一九一三）では主査委員をつとめた。四十一年（一九〇八）には臨時仮名遣調査委員会の委員となり、伊沢修二（一八五一年〜一九一七年）ら歴史的仮名遣いの論者に対し、表音式仮名遣いを主張した。その他第一高等中学校、高等師範学校などでも一時教鞭をとった。四十五年（一九一二）、冨山房の坂本嘉治馬《さかもとかじま》（一八六六年〜一九三八年）と『言海』増訂の出版契約を結び、語源研究を始めとする編纂作業に没頭。しかしサ行まで成稿した昭和三年（一九二八）二月十七日、肺炎のため八十二歳で死去。増訂版は大槻の死後も編纂が続けられ、『大言海』（昭和七―十二年〔一九三二―一九三七〕）として刊行された。明治三十二年（一八九九）、文学博士、四十四年（一九一一）、帝国学士院会員。著述は国語学のほか、地誌、訳述、歴史（郷土史、洋学史）、人物誌、音楽関係など多岐にわたる。国語学の分野では『言海』のほか、文語文法書である『広日本文典』『広日本文典別記』（明治三十年〔一八九七〕）、当時の「口語」について標準を定めた『口語法』（原案担当、大正五年〔一九一六〕）、問題となる語法について歴史的、地理的考察を加えた『口語法別記』（大正六年〔一九一七〕）が知られる。地誌としては、処女作である『北海道風土記』（稿成明治二年〔一八六九〕、未刊）のほか、『琉球新誌』（明治六年〔一八七三〕）など。訳述書には教科書である『羅馬史略』（明治七年〔一八七四〕）、チェンバーズの百科事典の翻訳である『百科全書』のうち「印刷術及石版術」（明治十三年〔一八八〇〕）、「言語篇」（明治十九年〔一八八六〕）など。歴史書として『日本小史』（明治十五年〔一八八二〕）、『伊達行朝勤王事歴』（明治三十三年〔一九〇〇〕）、

『伊達騒動実録』（明治四十二年〔一九〇九〕）など。新井白石や父盤渓の著作〔『采覧異言』『西洋紀聞』など〕の校訂、冊修もある。論文集に『復軒雑纂』（明治三十五年〔一九〇二〕）。〔参考文献は略〕

幕末に生きたということ

これで十分のような気もするのだが、補足しながら話をすすめていく。

幕末の横浜で宣教師から英学を学んだことが記されているが、これは神奈川奉行所が一九六四年七月に開設した横浜英学所のことであろう。ここでは、日本人教師のほか、バラやタムソンといった宣教師が教えていた。生徒がふえてくると、『和英英和語林集成』で知られるジェームス・カーチス・ヘボン（一八一五年〜一九一一年）も教壇に立ったというので、大槻と接点があったのかもしれないが、とくにふれることはない。また、幕末とあって宣教活動はできなかったため、大槻がキリスト教の教義にこのとき接したとは考えにくいし、本人もとくにふれることはない。バラは、明治になって、日本初のプロテスタント教会である日本基督公会を創設したことでも知られている（中島耕二「J・H・バラ」二〇〇八年）。

二九歳（以下、年齢は数えで記す）で辞書の編纂を命じられ、一七年にわたる紆余曲折の末、四五歳のときに『言海』が刊行完了、その後は増補に力を尽くした、と『言海』中心の人生であったように思える。ただ、国語学や国語問題の分野のみならず、地誌、訳述、歴史、人物誌、音楽など多岐にわたる業績があることが引用からもわかるだろう。

明治維新時に二二歳であったということは、学問形成、人格形成のほとんどが幕末になされたことを意味する。序で登場した上田万年は一八六七年生まれで、明治政府のデザインした小学校から帝国大学までの教育制度に最初から乗って卒業し学問形成をしていったことと対照的である。

大槻の業績は多岐にわたると書いたが、大槻文彦六三歳のときに語った「自伝」では、自分の学問が「雑駁」で「雑学」になったのは、「辞書などを作つたからであろうが」としながらも、

私の生れ時がわるくて、今の文明の教育を施されるやうになつた頃には成長し過ぎて其教育を受けられなかつたのもそれである。専門の学をしなかつたのもそれである。専門の学をしなかつたのは一生の損であつた。今更取返しがつかぬ。何学問でも専門でなければ造詣せぬ。自分の失敗を証拠として青年諸君に忠告する。(「自伝」『復軒旅日記』一九三八年、二三七―二三八頁)

と述べている。生まれた時期がわるくて、「文明の教育」「専門の学」を受けられなかった、というわけである。功成り名を遂げたあとの自負を差し引く必要はあるだろうが、「家学」である漢学を学び、祖父が苦心の末会得した蘭学の系譜につらなっていった大槻文彦にとって、学問が近代国家の要請にしたがって専門に分化する、という学問のあり方が変化した時代を生きたという自覚はあった、ということである。しかし、のちに検討するが、こうした位置にあったからこそ、大槻の学問の結実として『言海』の著述ができたともいえる。

さて、「自伝」によれば、一八六二年に洋書調所で英学修業を開始する直前に林大学頭の門人となっている。すぐに洋書取調所に移るのだが、五、六歳のときから父・盤渓により受けた漢学の素養

（ただあまり強要はされなかったようである）が基盤にあったともいえるが、祖父の蘭学者・大槻玄沢（盤水）に倣い、洋学（蘭学というよりも英学になるが）を修めることに邁進していく。

玄沢は、前野良沢（一七二三年～一八〇三年）・杉田玄白（一七三三年～一八一七年）の弟子で、『解体新書』を改訂した『重訂解体新書』や初のオランダ語文法入門書とされる『蘭学階梯』を著したことで知られる。歴史学者・森銑三（一八九五年～一九八五年）の『おらんだ正月』（一九三八年）では「蘭学を拡めた大功労者大槻盤水」として、玄沢が一関から江戸に出て蘭学を究め、太陽暦一七九四年一月一日（寛政六年閏一一月一一日）、蘭学者仲間を集めて日本初の太陽暦で正月を祝う「新元会」（オランダ正月）を開いた、と紹介している。

くりかえすが、文彦は、父祖の学問を継承した人物であった（大槻家三代の事績などについては、大島英介『遂げずばやまじ』二〇〇八年を参照）。

ここで、明治初頭までの大槻文彦の移動の形跡をみると、江戸で生まれ、一六歳で仙台に移り、二〇歳でふたたび江戸、そして横浜に住む。「自伝」によれば一八六七年徳川慶喜の大政奉還の報をきいた仙台藩江戸留守居役・大童信太夫《おおわらしんだゆう》に随行して京都に行き、翌年の鳥羽伏見の戦いも実地に体験する（実戦はおこなっていない）。その後は江戸で藩命により情報収集にあたったという。これは江戸ことばが母語になるので仙台藩関係者とわからなかったためであった。

戊辰戦争に際しては、一八六八年七月の上野戦争（寛永寺での彰義隊と新政府軍との間の戦闘）のあと、大槻は九月に横浜で西洋帆船を雇い彰義隊の生き残りと兵器を載せて仙台に帰った。ただ、船は松島沖で暴風雨のため沈没、兵器は失ったが人は助かったという。一〇月、奥羽越列藩同盟の盟主・

仙台藩は新政府軍に降伏する。列藩同盟軍務局副頭取・玉虫左太夫の師でもあった父・盤渓が、藩の戦時文書執筆の罪で入牢した後は出牢のため奔走し、それがかなった一八七〇年に東京に出て英学修業を再開し、その二年後に文部省に出仕する（小岩弘明「大槻文彦の英学修業と戊辰戦争」二〇〇八年三月）。

大槻文彦自伝

　ここで、大槻文彦の「自伝」についてふれておきたい。序で言及した高田宏の『言葉の海へ』をはじめとして大槻文彦伝は長短書かれている（本書参考文献「大槻文彦年譜・業績・評伝」参照）。その生涯を記すときにまず参照されるのが、大槻自身が『東京日日新聞』記者に語った自伝である（それと、Ⅱ章でふれる、『言海』巻末に付された「ことばのうみ　の　おくがき」）。これは六三歳で自らの来歴をふりかえったもので、同紙の一九〇九年一〇月七日から一五日まで「学界之偉人　大槻文彦氏」として八回にわたり連載された。新聞記事は多くの人の目にふれるが、あとから参照しようとすると、切り抜いておくなどしないかぎり、困難をともなう。この記事の切抜帳が大槻家にあり、大槻没後の『国語と国文学』（一九二八年七月）に「大槻博士自伝」として掲載される（この切抜帳は、大槻清彦校閲・山田俊雄編輯『図録日本辞書言海』一九八〇年におさめる）。しかしこの雑誌は東京帝国大学国語国文学会が編集するもので、一般的に手に取りやすいものではない。

　そうしたこともあってか、大槻の旅日記を養嗣子・大槻茂雄（兄・如電の次男）が校訂して『復軒旅日記』として冨山房から一九三八年に出版する際に「自伝」として再録、『国語と国文学』に掲載

図２　『復軒旅日記』冨山房、1938 年、表紙

された「大槻文彦博士年譜」も加除のうえ「年譜」として収録している。冨山房は『大言海』の版元であり、大槻文彦の生前には刊行ならなかったものの、一九三二年から一九三五年にかけて四分冊を、一九三七年に索引を刊行している。

その『大言海』第一巻冊刊行後に、完成祝賀会の模様や著名人・知識人の第一巻の感想などをあつめた『大言海　文献集』を編纂（一九三二年）、全巻予約購読者にむけて送付している。そのなかにも、「自伝」と「大槻博士年譜」が掲載されている。

本書では、従前のように『復軒旅日記』収録の「自伝」の頁数を記すことにする（図2）。

地誌著述の意味

さて、大槻の最初の著作（余談だが、右引用文中の「処女作」という表現は、少し考えた方がよいと思う）は『北海道風土記』であった。「自伝」では、父・盤渓入獄中の一八六八年、行政区画として「北海道」が設置されたことをきき、「開拓される事となつたので大に喜んだが」、幕末からロシアの脅威をきかされていたこともあり、「まだ〳〵油断がならぬ」と思い、なおかつ家にいて時間があったので、祖父・玄沢が書いた『北辺探事』など諸書をあつめて三〇巻からなる『北海道風土記』を書きあげたという。これは刊行しなかったが、一八七四年に樺太に関する建議とともに左院（一八七一年から一八七五年まで存在した立法機関）に提出した。さらに、一八七三年にはペリー提督の「琉球紀行」をふくむ和漢洋の諸書を参照して『琉球新誌』を、一八七六年には『小笠原島新誌』を刊行している（「自伝」二二九頁）。さらに『洋々社談』に「竹島松島の記事」（一八七八年八月）をあらわしており、ここからは容易に大槻の国防・国境・領土への意識がみてとれる（ここでいう竹島は現在の鬱陵島、松島が現在の竹島／独島）。

それぞれを検討した田中恵によれば、『北海道風土記』ではロシア南下の脅威が語られ、教化する対象としてアイヌ民族をとらえている。そして『琉球新誌』では琉球の歴史、地理、風土、風俗が記されるが、ことばの相似から薩摩隼人と同人種とみなし、「天孫の皇族」が薩摩から琉球に渡ったとしている（「琉球新誌跋」）。そして、「内地ノ古言存スル」ところと位置づけている（「人種」）。「同祖」として組みこむ対象として琉球をとらえていることがわかる。

また、小学校用の歴史教科書として大槻が書いた一八八二年の『日本小史』（下）をみると、「唐太千島ノ交換」「小笠原島　琉球」という節があり、日本の境界への注視があきらかではあるのだが、そこでも「琉球ノ人種ハ、日本種ナリ」としたうえで、「国王ハ、我ガ清和源氏ノ後胤ナリ、固ヨリ日本ノ属国ナルベシト、万国モ亦コレヲ公認セリ」とまで述べている（五一丁表。なお一八九六年の増補版では「言語」も「日本種ニ属」するものとされている）。琉球の尚氏が源為朝の後胤であるという伝承を何の検証もなくそのままもちだして「属国」であることを正当化しているわけである。『琉球新誌』でも源為朝のより詳しいくだりが、史実のごとく描かれている。ただ、この為朝が琉球に渡ったという伝説は、明治期でも「史実」だと考えられていたようであり、これが「史実」と認識されるようになった過程を追った原田信男によれば、「為朝を王権の系譜に利用しようとした〔尚氏〕琉球王府と、その背景にあるヤマトの影が色濃く認められる」としている（『義経伝説と為朝伝説』二〇一七年、二三六頁）。

『小笠原島新誌』や「竹島松島の記事」からは開拓の対象、「辺境」への一方的な視線しかよみとれないと田中恵は指摘しているが、帰属が定まらないことが将来の利害に関わるという大槻の危機感をみることができるだろう。そして田中は「『言海』以前から、国家を形成するものとして自らを定め、しかし直接の政治的論説よりむしろ国家の具体像を丁寧に提示することでその目的に近づこうとしていた」と結論する（「大槻文彦の『言海』と地誌四著作」一九九九年、七一頁）。ひとつの「ネーション」を作らなければならないという思いが大槻にあった、とみなすことができる。

大槻文彦のナショナリズム

たとえば、大槻の評伝を書いた高田宏は「洋学によって先行する国家意識を土壌に、仙台帰住の間に故里を発見して行った。そこから育つ文彦のナショナリズムは、故里を抹殺していったナショナリズムとも、勝者のエゴである藩閥意識を枷とするナショナリズムとも、自然違っていくだろう」としている（『言葉の海へ』八〇頁）。

ナショナリズムということばを高田がもちいているのでそのままつかうが、要するに郷土から直線的に国家へといたる「素直な」ナショナリズムとでもいえるものを高田は設定している。ただ、ひとくちにナショナリズムといってもそのあり方はさまざまである。生まれも育ちも江戸の、仙台藩出身の大槻、家学として漢学と洋学を修めた大槻、鳥羽伏見の戦いや戊辰戦争を目の当たりにし、藩閥政治に面白いものを感じていたとは必ずしもいえない大槻（結局のところ文部省で昇進していったわけでもない）、そうした大槻文彦が描く日本をささえるべきナショナリズムがどのようなものであったかを示すことは、そう容易なことではない。生まれ育ったわけでもない場所を「郷土」として「発見」し大切に思っていくことは、血のつながりという要素はあるにしても、いくばくかは観念的なものとならざるをえないだろう。

ただひとついえることは、四つの地誌をみるかぎり、近代国民国家にとって不可欠のナショナリズムそのものを肯定的にうけとめていたことである。

地誌を書いたあとに大槻のナショナリズムがどのように変遷していったのかを丹念に追う時間はないが、『琉球新誌』から約四〇年後の一九一一年、秋田出身のジャーナリスト・藤原相之助（一八六七年～一九四八年）が文献資料や古老の聞き書きなどをもとにした『仙台戊辰史』を刊行するに際し、大槻は資料収集を手伝った。「仙台旧臣　大槻文彦」と記された「仙台戊辰史序」は、このようにはじまる。

嗚呼仙台藩戊辰の事言ふに忍びざるなり徒に成敗に因て直と云ひ曲と云ふ凡そ生を神州に稟《う》けし者誰か尊王の心無からむ是れ論ずるまでもなきことなり

「尊王」でみな一致しているのに、「成敗」つまり勝ち負けによって「曲直」つまり「正不正」を決めることができるのか、というのである。そもそもはじめて幕府をたてた源頼朝は薩摩藩島津氏の祖であり、頼朝を助けた大江広元は長州藩毛利氏（正確には因幡毛利氏）の祖ではないか、箱館五稜郭にたてこもった榎本武揚は明治政府で重用されたし、徳川慶喜はいまや公爵である。一方で西南戦争などがあったではないか、だから「曲直の論断何ぞ容易らなむや」。そしてこの『仙台戊辰史』は「成敗」ではなく「曲直」の事実をあきらかにしようとした書である、とつづけていく。そのうえで、

今や此の如き直筆不諱《ふき》〔はばからずいうこと〕の書を公にするを得たること偏《ひとえ》に立憲政体言論自由の恩頼といふべく当時事に死して久しく地下にある余輩同志の冤鬼《えんき》〔無実の罪で死んだ人の魂〕も亦囅然《てんぜん》〔大いに笑うさま〕として大笑すべし

と述べている。「正しい」ということのできる体制、「言論自由」がある立憲制明治国家（それは薩長だけがつくったものではない、という思いもあるだろう）をまるごと肯定していると解釈できる。

旧臣としての臣民

先の『日本小史』の増補版（一八九六年）では、「憲法　国会」の節を設けている（一八八二年の初版では「立憲政体」として一八八一年の国会開設の詔の引用で終わる）。そこでは大日本帝国憲法発布（一八八九年）に際しての勅語を引用し、これにより「政府ノ組織、臣民ノ権利、義務、爰《ここ》ニ定マリ」、帝国議会が設置され、一八九〇年から国会が開かれるようになったとしたうえで、「年毎ニ国会ヲ開

カレ臣民爰ニ参政ノ権ニ与カルコトトナリヌ、人民、曠世《こうせい》ノ盛挙ヲ仰ギ奉ラザル、ハナシ」としめくくる。「曠世ノ盛挙」、つまり大日本帝国憲法の発布が世にもまれなことであり、それをよろこびあおぎたてまつるのだというわけである（増補版、五六丁裏―五七丁表）。立憲政体とは所詮天皇から「下賜」されるもの、という視点がないのは当然かもしれないが、「臣民」すべてが「参政ノ権」にあずかれたわけではないことは、問題として認識されていなかったようである。

そして、一九一二年になるが、大槻は「日本は家族制度の国にて、神代より万世一系の　皇室は、大なる家族の大なる御主人にて〔……〕此の士民各自に親子兄弟にて家族を成し、先祖を尊び、上に皇室を戴きて忠と孝とを持す、国の成立此の如し」という天皇を中心とする家族国家観を披瀝している（「殉死の事」一九一二年一二月、九頁）。この文章はタイトルでもわかるように、陸軍大将・乃木希典（一八四九年〜一九一二年）が一九一二年九月一三日、明治天皇大喪の日に妻・静子とともに自害したことをきっかけに書かれたものであるが、そのことにふれ、「余は仙台藩の旧武士なり、昔の主従の感情は一種特別なるものにて、主人に言葉にても掛けらるれば、身の締る如く感じて、君の為めならばそれ火に入れ、水に入れと云はれても、二言と云はせず飛込む心にてありき。乃木大将夫妻の殉死の事を聞きし時は、身の縮まる如き感に打たれて胸塞がり一言も出ざりき」（同前、一三頁）と述べている。藩主への忠義と天皇への忠義を同列にとらえているわけである（大槻は「殉死」は自害ではない、という）。もちろん、論旨からすれば「郷土」という意識よりも忠義が強調されるのは当然ではあるのだが、いかんせん観念的なナショナリズムではある。内側をまとめるものとしてのナショナリズムをここにみることはたやすい。「仙台旧臣」であることと天皇の「臣民」であることとが衝突することなく同居していることをみてとることができる。

明治期に生じる「旧藩」意識というものは、旧藩内の身分制度が無化されたうえで、「日本」への帰属意識に連続し展開されていった、要するにひとつの「日本」を前提として存在しているという指摘がある（鈴木啓孝『原敬と陸羯南』二〇一五年、三一―三二頁）。「旧藩」意識を保ったまま、明治のナショナリズムを受けいれることはなんら不思議ではないという点で、大槻のナショナリズムを考える際に示唆的である。

地誌にもどるが、「自伝」によれば、「支那で違言があつた時、どうしても日本の所属であるといふ理由を説」くために『琉球新誌』を刊行し、「小笠原島を政府で開かれようといふに、英国米国から少し異論のあつた時、其歴史地理等を記して正当に日本の属地であるといふ事を述べた」のが『小笠原島新誌』であったとしている（「自伝」二二九頁）。

「支那で違言」というのは、廃藩置県の翌年である一八七二年の琉球藩設置（第一次琉球処分）により琉球国王・尚泰を琉球藩王として冊封（これは清国にも朝貢していた琉球王国の所属を日本に限定する意味があった）し華族に列したことに対する清朝からの異論を指す。ただ、冊封の事実は清国に通告していないという（それだけ、この琉球処分には無理があった）ので、大槻が何を念頭においているのかは不明である（琉球藩王冊封については、波平恒男『近代東アジアのなかの琉球併合』二〇一四年を参照）。また、小笠原の開拓について「英国米国から少し異論」があったことをふくめて（小笠原諸島の「帰属」の歴史については、石原俊『近代日本と小笠原諸島』二〇〇七年などを参照）、「外圧」により日本「領土」が危機に直面したときに、その支配の正当性を文献によって証明するために、大槻はこれらの地誌をあらわしていったことになる。

地誌から文法へ――弱肉強食の世界のなかで

日本の「くにざかい」について資料をあつめまとめていた時期、正確には『小笠原島新誌』刊行前年の一八七二年に文部省勤務となり教科書を編纂し、宮城師範学校校長をつとめていた大槻は、一八七五年に文部省報告課勤務となり、序でも述べたが、課長の西村茂樹より日本辞書編纂を命じられる。そして、その年の一〇月の『洋々社談』に「日本文法論第一」を発表する（ただし、「第一」だけで終わる）。

『洋々社談』は、一八七五年から一八八三年まで存在した、国学者・漢学者・洋学者たちで結成された学問結社・洋々社が同期間に九五号まで刊行した機関誌である。毎月一回あつまり討議した結果が掲載されている。こうした点は明六社や『明六雑誌』と似ているが、明六社（大槻も参加していたが論考を寄せてはいない）が洋学者中心、啓蒙的なものであったのに対し、はばひろく史論や自然科学に関する論考が多いとされている（『明治時代史大辞典　第三巻』二〇一三年）。

さてこの「日本文法論第一」であるが、以下のようにはじまる。

当今我国ノ文学ニ就キテ最大ノ欠典トスルハ日本文典ノ全備セル者ナキナリ是ナキハ独我国文学ノ基礎立タザルノミナラズ外国ニ対スルモ真ニ外聞悪シキ事ナラズヤ（一丁表）

「我国ノ文学」といっても、序でみたように、学問という意味である。日本語の文法書の欠如によって、日本の学問の基礎ができないばかりか、外国に対したときに外聞が悪い、恥ずかしい、というわけである。序でふれた「文明国標準」の議論が思いおこされる。

きっちりと国家の輪郭を確定したあとに必要になるのは、その中身である、という展開である。それではたとえば、国家の輪郭が拡大したとき、つまり領土が拡大したときに、この種のナショナリズムはどう反応するだろうか。外側にひろがるナショナリズムのあり方である。

たとえば、一八七二年に設置された琉球藩が、廃藩置県により沖縄県となったのは一八七九年三月のことである（第二次琉球処分のはじまり）。軍隊を派遣して首里城を占領したうえでなされた廃藩置県をふまえ、大槻は同年七月の『洋々社談』に「琉球ノ武備」という論考を寄せる。こうしたところに大槻の敏感な時事意識をみることができるのだが、ここではまず琉球王国の時代は、武官は平時にあっては文官でもあったことを指摘し、琉球を訪れたバジル・ホール（一七八八年〜一八四四年）から琉球は「古今来絶エテ戦闘ノ事アルヲ知ラズ」ということを聞いた、セント・ヘレナ島のナポレオン・ボナパルト（一七六九年〜一八二一年）が「戦闘絶エテ無シト是レ人間ノ能ハザル所ナリ」と述べたと記す。

しかし、昔から戦争がなかったことを称揚するかと思いきや、大槻は「今ヤ万国東西ニ交通シテ虎視眈々豈琉球独《ひとり》洋中ニ孤立シテ武備ヲ修メズ依々〔ぼんやりと〕保国ノ一策ヲ以テ其ノ間ニ立ツコトヲ得ンヤ」として、「武備」がなければやっていけない、と指摘したうえで、いまや「廃藩令」が出されたのは「国是ノ世ト遷ルベキヲ知ラザルノ罪ノミ亦哀ムベキ哉」と琉球王国が国際関係の流れに乗りきれなかったことを指摘する。そのうえで、「弱ノ肉ハ強ノ食ニシテ彼尚此ヨリ強キ者アリ蟷螂ノ蟬ニ於ケル其ノ後《うしろ》ヲ顧ミザルベケンヤ」としめくくる（六丁表—裏）。「螳螂、蟬を窺い、黄雀、後に在り」、セミを狙うカマキリをスズメが狙っているということをいうわけだが、要するにより強いものが勝ち残るので目先の利益だけをみていてはいけない、と弱肉強食をまるごと肯定するのである。

その延長線上に、Ⅲ章でみていくことになるが、台湾領有を「敵から取った」と表現する大槻がいる。そして台湾人に日本語を教えるには日本語の口語文法を研究しなければならない、としていく。輪郭の拡大にあわせて中身を充実させよという議論である。中身がまにあわないから輪郭を拡大させるな、とか輪郭の拡大そのものに疑義をはさむ議論にはなっていない点に注意したい。ナショナリズムとはおしなべて帝国主義に転化する、といってもよいのだが、無邪気ともいえる大槻のこうした側面にも目を向けておくべきではあろう。

話をもどすが、外聞が悪いという自覚が辞書編纂への思いへと単純につながっていった、とみることもできる。ただ、一八七五年に日本辞書編纂を命じられたから日本文典の必要を思ったわけでは必ずしもないようである。たとえば、『広日本文典別記』（一八九七年）の「自跋」では、大槻家の家学は漢学なので国語の教育は受けたことがなかったが、一八六二年開成学校に入り英語を学びはじめて英文法がわかってくるにつれて、「我が国語にも、自ら、斯る規律のあるべきなり」と独自に動詞の活用規則などを考えたりしていたと回想している。ただ、その程度のことは江戸時代の国学者はとうに導き出していたので、「後に、国語諸先哲の語学書あるを知りて、通読するに及びて、啞然瞠若たり、是に於て、始めて、国語学に志をば起しき」（「自跋」一頁）と記していく。

一八七五年の「日本文法論第一」で日本語の「文典」が存在しないことを憂えた大槻であるが、一八九七年に『広日本文典別記』とともに刊行した『広日本文典』（のちにふれるが、これの「摘録」が『言海』巻頭の「語法指南」であると大槻は位置づけている）の原稿はすでに一八七八年五月に起稿し、一八八二年九月に脱稿していたという（『広日本文典』二四二頁）。ちなみに『広日本文典別記』は一八九六年起稿である（『広日本文典別記』「自跋」五頁）（図3）。

図３　『広日本文典』『広日本文典別記』1897 年、表紙

こうした回想からうかがえることは、英語学習を契機とした日本文法研究であったということである。したがって、国語学者・古田東朔が「大槻文彦伝」の冒頭を「大槻文彦は、最後の洋学者である」という一文ではじめているのも故なしとしない。そしてまた、『言海』の「本書編纂ノ大意」の（四）に、辞書編纂に際して、かなづかいや「語格」が定まっていなかったため、「西洋文法ノ位立ヲ取リテ、新ニ一部ノ文典ヲ編シ」たと記しているように、辞書編纂と文法研究は緊密に連関していたことも、くどいようだが確認しておきたい。

ここで、『言海』で「ぶん－てん」をひくと、「文法ヲ説ケル書。語学ノ書」とある。そこで「ぶん－ぱふ《ポウ》」をみると、「（一）文章ヲ作ル起結、照応、波瀾、頓挫、等ノ法。（二）文字ノ形及ビ音、言語ノ成立及ビ変化、並ニ、文章中ニテ言語ノ互ニ相関係結合スル法ヲ説ク学。語学」とされている。「語法指南」は、この（二）の内容をもつものといってよい。（一）の定義は文章論といってよい。一八八二年の『広日本文典』脱稿時の原稿が一八九七年の刊行時にどの程度加筆修正されたのかはわからないが、「総論／文字篇／単語篇／文章篇」で構成されている『広日本文典』は大槻の定義する文典の完成形とみることができる。

ともあれ、文典がないことの「外聞の悪さ」は、序でみた伊藤博文や陸羯南、上田万年たちのものと一致し、大槻はみずからそれを解消しようとしたのである。

国語と民族と独立と

少し先走った話になるが、国民国家日本が一九世紀末にかけて形成されていくなかで、ことばと国家そして民族との不可分の一体性という言説も同時並行的に形成されていく。大槻は、一八八四年時点では「一国民ノ言語ハ、其国人種ノ由来セシ所ヲ推シ知ルニ足レリ」（「外来語原考」一八八四年二月、一二二頁）と、国民のことばはその由来を知るときに使える、といった程度の認識を示していたものの、先の『広日本文典別記』（一八九七年）では、

○一国の国語は、外に対しては、一民族たることを証し、内にしては、同胞一体なる公義感覚を固結せしむるものにて、即ち、国語の一統は、独立たる基礎にして、独立たる標識なり。（「序論」二六頁）

と明確に記すようになる。ちなみに『言海』では「国語」「民族」「公義」「標識」は立項されていな

い。「同胞」は「ハラカラ兄弟姉妹」、「一統」は「ヒトツニスルコト。「天下――」」、「固結」は「固ク結バルコト。カタマルコト」、「独立」は「ヒトリダチ」とある。「公義感覚」は「公儀感覚」の誤植でもないようなので正確な定義ができないが、おおやけの意識というくらいであろうか。

辞書編纂の命を受けたころにはさほど明確ではなかったこうした大槻の国語意識は時代の歩みとともに形成されていったとみてよいだろう。

この点について、国語学者・時枝誠記（一九〇〇年～一九六七年）が一九四〇年に著した『国語学史』の一節を引いておきたい。

時枝は、日本語の研究は、明治初年以降大きな変化があった、つまり「全く新しい地盤の上にその根を下ろした」としている。それまでは「国学に依存して発達して来たものではあるが、常にそれ自身に内在する原理の発展によつて進んで来た」のだが、

明治維新が、日本の社会万般の事柄に就いてその過去の伝統を葬り去つた様に、国語研究も亦全く新しい出発をしたのである。旧国語研究と比較して新国語研究の特質を挙げるならば、

一、国語が国家的社会的の一重要問題として取扱はれるに至つたこと。

二、西洋言語学の影響を受けたこと。

の二を挙げることが出来るであらう。（三八頁）

としている。「一」は大槻のいう、国語が「同胞一体の公義感覚を固結」させる、という考え方の背

景である。

一方の「二」についていえば、大槻は帝国大学などで西洋言語学を学んだわけではない。しかしながら、必要に迫られてといえばよいのか、以下にみるように西洋言語学に接していなかったわけではない。

文部省『百科全書』「言語篇」の翻訳――「言語《げんご》」の問題

文部省は、英国で初版が一八三三年から一八三五年にかけて刊行され、五版(一八七四年〜一八七五年)まで版を重ねた啓蒙書 *Chambers's Information for the People*, W. & R. Chambers. を『百科全書』として翻訳するプロジェクトを企画した。九二項目におよぶ『百科全書』のうち、本章冒頭の引用にあるように「印刷術及石版術」と「言語篇」を委嘱されて翻訳したのが、大槻であった。翻訳学の見地からする最近の研究(長沼美香子『訳された近代』二〇一七年)によれば、『百科全書』は結局文部省の事業として完結せず、いくつかの版が民間出版社から刊行されたのだが、「言語篇」を収めた有隣堂版は『百科全書　第十一冊』として一八八六年に刊行されている(「自伝」では一八八三年としているが記憶ちがいである)。

ちなみに、大槻は、「言語篇」のなかで「言語《ランゲージ》」という読みしか示していない。「言語」には、「ごんご」という呉音での読み、「げんぎょ」という漢音での読みが、古来存在していた。前者は「言語道断」という形で、後者は「狂言綺語」という形でしか、現在はほぼ用いておらず、圧倒的に「げんご」である。ここから、「げんご」という漢音+呉音の読みが新しいものだと容易に推測できる。

それでは、どのくらい新しいのか。たとえば、『言海』では「げん－ご」の立項はされているが、「げんぎよニ同ジ」と記されるのみであった。つまり、「言語」の中心的な読みが少なくとも大槻にとって「げんご」にはないことを示している。「げんご」の読みから辞書をひいてくる人が主流ではない、という判断がそこにはたらいていたと考えるべきであろう。そこで「げん－ぎよ」をひくと、「コトバ。モノイヒ」という意味が示されている。また、「ごん－ご」は「コトバ。ハナシ。言語《ゲンギヨ》」とあり、ここに「げんご」は登場しない。

『広日本文典別記』(一八九七年)でも、「言語」は「「ことば」トモ、「げんぎよ」トモ訓ムベク」とあるばかりで、「げんご」はない(一頁)。大槻にとって「言語」は「げんぎよ」と読むのが普通で、「げんご」はなじまなかったのであろう。それだけ「げんご」が新しい読みであったことがわかる。また、一八七一年に文部省編輯寮の刊行した『語彙別記』には、「言語」に「ことば」というふりがなが付されている。

一八八六年に帝国大学に設置された博言学科が、言語《げんご》学科に改称されたのが一九〇〇年であり、博言学科卒業生や教員などが中心となってつくった言語学会が『言語学雑誌』を刊行しはじめたのも一九〇〇年である。したがって、世紀の変わり目あたりから、「言語」が「げんご」と読まれることが増えていったのではないかと考えられる。このあたり、明治の専門教育をうけなかった、と後悔している大槻のまた別の側面をみることも可能であろう。

話をもどす。大槻はChambersの第五版にもとづいて「言語篇」を翻訳したのだが、それではなぜ、「言語」に「ランゲージ」の読みを付し、「げんぎょ」あるいは「ごんご」としなかったのか、という

疑問が残る。ただ、「言語篇」の冒頭の一文が、

> 言語《ランゲージ》トイフモノハ之ヲ概論スレバ知覚アル一生類ノ其思考シ或ハ感覚スル所ノモノヲ他ニ伝致スル方法ノ汎称トス（LANGUAGE in its widest sense signifies any means by which one conscious being conveys what it thinks or feels to another.)

と示されるとき、「ごんご」でも「げんぎょ」でもない、ある機能をもった「ことば」の総体をとらえる概念がある、ということに大槻は思いいたったのかもしれない。その時、「げんご」という読みは排除されていた、ということになろう。いい方をかえれば、こうしたlanguageという概念をあらわすものとして「げんご」が定着していたということになるだろうか。

さて、「言語篇」（LANGUAGE）の「総論」（原文見出しなし）以降の項目は以下のようになっている（（　）内は原文の見出し）。「声音ヲ論ズ（THE VOICE.）／言語ノ変化スル所以ヲ論ズ（HOW LANGUAGE CHANGES.）／言語ノ構成ヲ論ズ（WORD-BUILDING.）／方言ヲ論ズ（DIALECTS.）／国語ノ分科ヲ論ズ（FAMILIES OF LANGUAGES.）／グリム氏ノ法則（GRIM'S LAW.）／セミテック語科（THE SEMITIC FAMILY.）／言語ノ模像《タイプ》ヲ論ズ（TYPES OF LANGUAGE.）／各種ノ言語ハ皆一個ノ本源ヨリ出デタリヤ（ARE ALL LANGUAGES SPRUNG FROM ONE?）／言語及ビ人種ノ混淆ヲ論ズ（MIXTURES OF LANGEAGES AND RACES.）／語根《ルート》ヲ論ズ（ROOTS.）／言語ノ由来ヲ論ズ（ORIGIN OF LANGUAGE.）」。

「言語」と「国語」が英語を訳しわけたものではないことはわかるが、それ以上の意味をみいだすこ

とはできない。

啓蒙書であるからか、参考文献などは記されていないものの、項目だけをみても、これが比較言語学（「グリム氏ノ法則」）や言語類型論（「言語ノ模像ヲ論ズ」）などの紹介になっていることがわかる。

言語類型論は、諸言語をその形態によって孤立語（たとえば中国語など）・膠着語（たとえば日本語など）・屈折語（たとえばラテン語など）に分類するものであるが（大槻の訳では「単綴語（孤立語）・粘着語・変尾語」）、屈折語中心の思考からすると、この順に発達の度合いが高くなるという価値判断を呼びこむことになる（アウグスト・シュライヒャー（一八二一年～一八六八年）が代表的である）。

この「言語篇」にもそれはあらわれていて、シュライヒャーの名は出てこないが「変尾語」が「発達ノ最高点ニ達シタル者」だとしている（「言語篇」九四頁）。また、「言語篇」では日本語がこのどれに属するかは明記されておらず朝鮮語とともに「孤立語」に入れるかについて疑義がある、と示されるのみであった（同前、九八頁）。

日本語と諸言語の位置――「万国言語の共進会」論にみる言語の優劣

こうした言語思想が大槻に影響をあたえたのかが問題になるが、この翻訳から一〇年後の一八九六年に起稿し、翌年に刊行した『広日本文典別記』にみられる大槻の諸言語の位置づけについてふれておきたい。

まず、「その国語の成立に、差異こそあれ、いづれか、言霊のさきははぬ国とはいふべき」と述べ、どんな国の言語にも、「言霊」と称されるものはあるとしたうえで、「我が国は言霊のさきはふ国なり、余国の言語は皆鴃舌《げきぜつ》なり」として「余国の言語」をおとしめて日本だけを特別視する「国語家」の説を批判、諸言語間に価値の差はないという意味のことを述べている（『広日本文典別記』一〇、九頁）。ちなみに『言海』で「鴃舌」は「蛮夷《エビス》ノ言語ノ、解スベカラザルヲイフ語」とある。しかしながらその一方で「然りといへども、文化の国と、未開の国と、其語法に精粗あらむは、一国内にても貴賤都鄙《とひ》の語に、雅俗あるが如く、免れ得ぬ所なり」と実際問題としての言語間格差を認めてしまっている。

そして、かりに「万国言語の共進会」（品評会のようなもの）があれば、サンスクリット語、ラテン語、フランス語は「優等賞」をとるだろうし、ドイツ語も「金牌には漏れざらむ」とする。これらの言語は「繁に失す、然れども、誤解を生ぜしめぬ利もあり」という。一方、英語や日本語も、「金牌に伍することを得むか」とやや評価が高い（同前、一〇頁）。

これは「言語篇」での日本語のあつかいへの異議といってよいだろう。日本語は「冠詞、なく、男女性、人称、なき所など甚だ簡」であり、助詞の存在や助動詞の語尾変化は「大に他に優る所あり」、音節数の少なさも評価するが、その一方で漢字が用いられ言文一致でない（「言文両途」）点が「大瑕《か》瑾《きん》」（欠点）だとしている。

そして、英語は「余国の語にくらべて、第一流の位置を占むること能はざれど、語法、簡単なれば、他国人の、学ぶに易き特性あり、これぞ、英語の、広く海外にまで行はるゝ所以にはある」としている。また「支那語」は「単音語にして、語尾の変化といふもの、さらになし」。したがって「共進会」の「審査官の、考へを悩ますものなるべし」とし、評価は微妙である。

さらには「亜米利加士人の語」（ネイティブ・アメリカンの言語）は「名詞のみにて、動詞、形容詞も、何もなし」（情報源は不明）というので、「縦《たと》ひ、思想を通ずることを得といふとも、これらをや、言霊のさきはゝぬ国とは、いふべき、〔共進会の〕褒状にもあづからぬなるべし」と（若干意味がとりにくいが）、「何もなし」というこれらのことばの言霊は、たとえ思想が通じたとしても、幸《さきわ》わないのだと断言してはばからない（同前、一〇―一一頁）。あまりにもあからさまである。

「共進会」とは、一八七九年に内務省の勧農局・商務局主催で横浜でひらかれた「製茶共進会」「生糸繭共進会」に淵源するもので、産業奨励を目的とした品評会であった。政府主催の共進会は、一八八五年まで各地で開催され、その後は地方自治体主催へと変化していった（『明治時代史大辞典 第一巻』二〇一一年）。品質を競わせて産業奨励に結びつけるというのが共進会主催者の目的であろうが、言語の共進会という比喩を考えつく大槻は、言語に優劣をつけることについて、抵抗があったとは考えにくい（この点については、斉木美知世・鷲尾龍一『日本文法の系譜学』二〇一二年も参照）。

もちろん、みながみな、こうした言語の優劣を肯定していたわけではない。たとえば、一八九七年に東京帝国大学の博言学科（のちの言語学科）に入学したロシア語学者・八杉貞利（一八七六年～一九六六年）は、在学中に宮田修の名で、一八九九年に『通俗博言学』という書物を出版する。そのなかで右の三区分を示し、「通常学者は「インフレクシヨナル」語〔屈折語〕は「アッグルチネーチヴ」語〔膠着語〕よりも進み、「アッグルチネーチヴ」語は「アイソレーチング」語〔孤立語〕よりも進むといふ、進むとはこれによりて人が思想を表示する上の適不適をいふなり」とするものの、「されどこの三語種中何れが果して最能《よ》く思想を表明し得るものなるやは大なる疑問なりとす」と明言する。

そして、「誰か支那人の言語を以て希臘羅馬人の言語に劣れりと為すことをえむや」と明快であり、さらに「徒に自己に最能く識られたる語を以て最完美なる語なりと思惟するはこれ至愚なりといはざるべからず」と、痛快ですらある（『通俗言語学』三二六—三二七頁）。さらに程度のちがいはあれ、この三類型の要素をそれぞれの言語はもっている、など議論はつづくのであるが、本章冒頭で大槻が述べていたように「専門の学」の差がこうしたところにあらわれるのかもしれない。もちろん、「専門の学」が常に客観的であり、時代のながれから超越しているわけではないのだけれども。

『日本小史』にみる文明史観

大槻は『日本小史』（一八八二年）を、神武以来の四期にわたる開化の歴史として描いた。簡単にいえば、「神功（皇后）、韓ヲ征シテヨリ、学芸始メテ入ル」のを第一期、「推古以来、隋唐ニ通ジテ、文物大ニ開ケ遂ニ王朝ノ盛ナルヲ致ス」のを第二期、平家源氏以来の「武政四百年」は「兵争闇夜」であったが、「江戸府ヲ開キテヨリ」が第三期、そして「維新ノ政変ト為《な》リ、以テ今日ノ開明一変ニ至ル」のを第四期とする（『日本小史』上、「凡例」一丁）。そうした大槻にとって、日本の歴史は単線的に発展していくものであった。第三期をのぞいて「開化」は外からやってくる、というのが特徴的ではあるが、「自伝」では、この『日本小史』は「学制を施かれて以来の日本史の教科書を見るに、編年体のやうなばかりで、生徒の史実の記憶が散漫である」ことを不満に思って、「記事本末」の姿勢で書いたものであり、「文明史体の日本史教科書の初だと思ふ」（二三〇頁）と自己評価しているものである。福沢諭吉の『文明論之概略』（一八七五年）を大槻がどの程度念頭においていたのかはわからないが、一八九六年の『日本小史』増補版で以下のように「結論」づけていることは、社会進化論とまではいかないものの、「万世一系」の単線的進歩史観を共有していたことはたしかであろう。

我ガ大日本ハ、皇祖皇宗、国ヲ肇メタマヒシヨリ、列聖一系、相継ギテ臨御シタマヒ、今ニ至ルマデ、二千五百余年ノ旧邦ニシテ、武ヲ以テ国ヲ立テ、文物、人智固ヨリ大ニ開ケテ、儼タル一大帝国タリ、然リト雖トモ、数百年来、東洋ノ一鎖国タリシカバ、未タ文明ノ極ニ達スルヲ得ザリシニ、王政維新シテヨリ、僅ニ数十年ニシテ、開明進化ノ神速ナルコト、実ニ世界ニ其比ヲ見ズ、今ヤ、東洋唯一ノ立憲国トナリ、臣民ノ慶福ハ、増進セラレ、日清戦争ニ因テ、国人ノ忠勇ハ宇内ニ宣揚セラレ、東洋ノ覇権正ニ我ニ帰シ、東洋ノ貿易モ、我レ亦其中心タラムトシ、海外万国モ、我ガ趨勢ヲ見テ、驚歎欽羨セザルハナシ（『日本小史』増補版、六〇丁表―六一丁表）

まわりくどくなったが、時枝がいうように、「西洋言語学の影響」、正確には「特定の西洋言語学の影響」を大槻はまともに受けたといえる。

上田万年の剽窃——Chambersの「Language」と大槻文彦の「言語篇」

さて、この「言語篇」の英語原文のうち大槻が「総論」として訳した部分は、冒頭の二頁ほどの分量になるが、この部分をほぼそのまま翻訳して、みずからの名前で「博言学」（一八八九年三、四月）

として発表したのが、帝国大学大学院に在籍していた若き日の上田万年であった。

既述のとおり、すでに大槻の翻訳は存在していたのだが、上田の訳文をみるかぎり、英文から直接訳したものと思われる。翌一八九〇年からドイツとフランスに四年間「博言学修学」のために留学した上田であったが、これを翻訳であると断ることなく、冒頭で「予が著さんとする博言学階梯〔入門〕と題する書の緒言なり」とし、掲載誌『日本学誌』の発行元・修成会が友人の国文学者・落合直文（一八六一年〜一九〇三年）を介して論文を依頼してきたので、「併せて諸氏か爾来博言学の隆盛を計られんことを冀望《きぼう》す」と記しているのである。

一八九〇年前後は「言語学」という名称よりも「博言学」の方が優勢であった（「言語篇」にも「言語学」という訳語は登場しない）。その盛りたての意味ももたせてこの文章を書いたのかもしれないが、いまであれば、当然職を失う行為である。たとえ大学院生であっても許されるものではない（上田の他の論考でも同様の行為が確認できるものもあるが、このようなほぼ全編にわたるものはない）。

図４　大槻文彦と上田万年（左）1902年文部省にて（『復軒旅日記』1938年、口絵）

負い目があったのかはわからないが、この「博言学」は上田の著書には採録されていない。

のち、一九〇二年に上田は文部省の国語調査委員会主事となり、同委員会委員となった大槻とともに仕事をするようになる。大槻が亡くなった翌日、一九二八年二月一八日の『東京朝日新聞』に出した談話のなかで上田は「国語調査委員会で長い事先生と一緒に仕事をして来たが先生の学識と人格とには心から敬服してゐた」と述べている。自身の名で一部を発表した「言語篇」の訳者大槻と、どのような顔でまみえていたのか、気になるところではあるが、案外にこやかである（図4）。

文典研究の展開――『支那文典』・文法会

すでにふれたように、「日本文法論第一」を大槻が発表したのは一八七五年一〇月であった。

ここでは、その二年後、あるいは『広日本文典』の起稿前年である一八七七年に大槻が『支那文典』を出版していることに注目したい。これは、アメリカ人宣教師・高第丕（Crawford, Tarlton Perry）と中国人・張儒珍により一八六九年に山東省で刊行された『文学書官話』（*Mandarin Grammer*）に訓点を施し、「例言」を加え、節ごとに注解したものである。

大槻の手になる「例言」では、これは「支那官府ノ通用語」であり、「現時ノ普通語」である「官話」の文法書であって「全国通ゼザルコト無シ」。したがって、日本人が学ぶのは有用であろう、とする。しかしながら、「支那音」は「万国中ニ於イテ、最モ他国人ノ口ニ上リ難キ者」で、仮名での表記も十分ではなく、自分も学んでいない、というみもふたもないことを記している。

これで本当に役に立つのかと思わないでもないが、大槻自身はおそらくアメリカ人が中国語の文法を書いたことに注目したのだと思われる。国語学者・永野賢（一九二二年〜二〇〇〇年）は「自らの構築せんとする口語文典の粉本〔参考〕としようとしたものと考えられる」としている（永野賢「大槻文彦の『支那文典』編述の意図」一九八六年、八四八頁）。

永野の指摘はもっともであるが、「口語文典」と限定するよりもむしろ、大槻が「洋文ノ法ヲ以テ、漢文ノ法ヲ説キタルガ故ニ、毎章、洋文法ノ訳語ノ名詞動詞等、其当ツベキ者ハコレヲ当テタリ」と記している点に注目したい。「洋文法」の用語で中国語という異言語の文法を書いた点が、「洋文法ノ訳語」で日本語の文法を書こうとしている大槻にとって、ひとつの参考となったと考えるべきであり、大槻はこの後、こうした用語を参考に日本語文法を構築していくことになるのである。

『支那文典』にみられる大槻文彦の文法意識をあつかった先行研究では、『支那文典』が日本語の文法研究の一環として考えられていたこと（田鍋桂子「『支那文典』注釈部分に見られる大槻文彦の文法意識」二〇〇一年）や、それまでに存在した洋風文典（たとえば鶴峯戊申『語学新書』一八三三年など）をふまえた記述があり、そうした記述が『言海』の巻頭に配される「語法指南」に継続・変化しながらつながっていくことなどが指摘されている（田鍋桂子「『支那文典』から「語法指南」へ」二〇〇二年二月、伊伏啓子「大槻文彦解『支那文典』」二〇一二年三月など）。

「語法指南」は、『広日本文典』の摘録とされているが、『支那文典』の刊行の翌年、一八七八年に、すでにふれたように『広日本文典』を起稿する。この起稿の年の一〇月九日に、大槻は「文法会」なるものを組織している。これは、篦五百里（方言研究者）による哲学者・井上哲次郎（一八五六年～一九四四年）からの聞きとりによれば、

この会は会員が文法に就いて互に論ずる会合である。〔……〕会員は横山由清・中根淑・内田嘉一・南部義籌《よしかず》・片山淳吉などいふ人々であつた。井上哲次郎博士が文法会に入会したのは十三年

〔一八八〇年〕十二月のことで、回数も大分重なつてからのことであつた。井上博士が入会した頃には、会員に変化があり、その大部分は、文部省編輯局関係の人が多かつたので、大抵省内で、勤務の余暇を見て随時開いてゐた。そして毎会、〔大槻〕博士自ら原案をつくり、幾部かを手書して之を会員に配賦してゐた。そして当日討論の結果は、次回までにちゃんと整理して来て、之をまた会員に諮るなど、なかく熱心なものであつた。井上博士は、大槻博士自筆の文法会の草案三回分を現に保存してをられると（篔五百里「大槻博士伝補遺」一九二八年七月、七八頁）

とされている。この会は、一八八一年四月三〇日の第五六回まで継続した（開始と最終の日時、回数については『広日本文典別記』「自跋」三―四頁に記されている――ただ、篔も大槻も最終回をなぜか四月三一日としている）。

引用文中、大槻みずから原案をつくり会員に配った旨書かれているが、そのなかの一部と思われる「日本文典」が四種類、岩手県の一関市博物館に所蔵されており、内容が紹介されている（「日本文法」の「第三」「第四」については写真版で、小岩弘明「「日本文法」立案過程の痕跡」二〇〇一年三月、「第六」「第七」については翻刻の形で、小岩弘明「大槻文彦「日本文典」立案過程の痕跡（その三）」二〇一一年三月）。

なお、この文典の稿本を文部省の里見義に貸したところ、「余が談を採りし所多」い、里見義『日本文典』（叢書閣、一八八六年）が刊行され、また「かなのくわい」の仲間であった近藤真琴に貸したところ、辞書『ことばのその』（共益商社書店、一八八五年）にも「余が論を用ゐたり」と書き残している（『広日本文典別記』「自跋」五頁）。なかなか微妙なところであるが、大槻の無念はすくっておきたい。

また、一関市博物館所蔵の資料のなかに、文法会の出納簿二冊と雑記帳一冊があり、これを分析した小岩弘明によれば、文法会は一八七八年一〇月にはじまったのではなく、その約二年前の一八七六年一二月一六日が初回であり、計七三回開催されているという（最終回の日時は同じ）。各回の開催日や参加者、議題などは、小岩弘明「大槻文彦「日本文典」立案過程の痕跡（その二）」（二〇〇五年三月）にくわしい。この文法会には国学者も参加しているので、こうした「洋学者と国学者の議論・対話の場から生み出されたのが、大槻文彦「語法指南」であると位置づけられている（服部隆『明治期における日本語文法研究史』二〇一七年、四八七頁）。

文法会の開始が従来の説より早まるとすれば、一八七七年刊の『支那文典』は、日本文法研究と並行してなされた業績ということになり、日本文法を書くというつよい意識が前提となってなされたものとみなすことができる。

文法研究で知られる松尾捨治郎（一八七五年〜一九四八年）が、一九二五年の二月、伊豆下田の蓮台寺温泉に避寒中の七九歳の大槻に面会して話をきいたところによると、

明治八年（一八七五年）に文部省から辞書編纂の命を受け一度は断つたが是非と云ふので、考へて見ると英語の辞書を翻訳しさへすれば国語の辞書が出来るものと思つた。今日から考へると誠にどうも恥かしい話ですが、当時は堅くそう思ひこんで御受けをしてしまつた。さあやつて見る

と中々大変、そんな簡単なものではない。特に困つたのは語の品詞である。此をどうして善いかと閉口してしまつたので辞書の方を中止して、先づ文典を作ることにした。それが語法指南である。（松尾捨治郎「学界の偉人大槻博士を訪ふ」一九二五年、八五頁）

後年の回想ではあるが、辞書を編纂する過程で文法研究の重要性を認識した、ということを何度でも確認しておきたい。

『言海』と「語法指南」の需要

こうしたなかで、大槻は独力で辞書の原稿を書きあげた。辞書編纂と文法の確立が不可分なものであったことは、くどいようだが、具体的に『言海』という形で刊行されたこの辞書の巻頭に日本語文法を解説した「語法指南（日本文典摘録）」が配されているところからも、あきらかである。

『言海』は日本初の本格的な近代的辞書とされている。その詳細と、紆余曲折があった『言海』の編纂・出版過程はⅡ章でふれるが、いったん完成した原稿は文部省にあずけたままになっており、それを「下賜」されたうえで自費出版するという形がとられた。したがって、資金集めに苦労し、事前に予約した者に販売するという予約出版方式をとっていたが、独自の文字づかいもあって校正が度重なり、印刷局の事情や大槻の側のさまざまな事情もあって、刊行がおくれる（刊行遅延の諸事情については、小岩弘明「『言海』刊行遅延の謝辞と「ことばのうみのおくがき」について」二〇〇四年三月）。

ともあれ分冊での刊行がはじまり、巻頭に配された「語法指南」は当然第一分冊におさめられた。

ところが、手頃な文法書があまりなかった当時にあって、「語法指南」は需要が多かったようであり、『言海』の最終巻である第四分冊（一八九一年四月）の刊行より前の一八九〇年一〇月に、「語法指南」だけ別冊として印刷刊行することになった。その理由について、単行版『語法指南』奥付に書かれた「発行者　敬白」によれば、

世上に日本文典の良書無之故に哉諸学校にて此語法指南の部を教科参考に称賛採用可相成趣にて別に此語法指南のみを購求致度旨度々注文相受候因て其旨〔大槻〕先生まで申出候処本文記載の旨も有之通り元来言海を使用候者の指南にとて付したる者にて且つ日本文典は後日別に一部の書として編輯発行の心組もあればとて御承諾無之然処諸方よりの注文続々有之全く其意に背き候は如何にも遺憾千万に存候間再三先生に懇願仕遂に強て許可を得て発売の運に至候事に候此事為念爰に一言仕候也

という。とくに学校でつかえるような文法の教科書がなく、「語法指南」がその代替役を果たしており、単独での刊行の要望が高まり、大槻に懇願して単独で販売することにした、ということである。「語法指南」は『言海』と一体のものであり、あくまでも「日本文典摘録」でしかなく、後日きちんとした形で「日本文典」（『広日本文典』となる）を出すつもりでいた（のちにみるように博士号のためという側面もあったようだが）大槻は当初は渋っていたのであるが、結局は単行本化に同意したのである。

大槻文彦の著述傾向

さて、一関市博物館の小岩弘明は、大槻文彦の著述傾向を四期にわけて論じている。

第一期は、『言海』完成（一八九一年）までで、ここまでみてきたように、地誌や翻訳（ほかに『亜非利志』（一八七四年）、『羅馬史略』（一八八一年）など）、そして文法論（「語法指南」をのぞいて、公刊されていくのは『広日本文典』以降のことになるが）が軸になっている。

第二期は、『言海』完成の翌年の一八九二年から一八九五年まで仙台の宮城県尋常中学校校長として赴任した時期で、郷土史に関する著作が中心となる（「支倉六右衛門墳墓考」（『好古叢誌』三編四巻、一八九四年四月）、「陸奥太守義良親王御遺蹟考」『宮城県教育雑誌』二号、一八九四年一一月、「陸奥国桃生城の考」『奥羽史学会会報』一号、一八九五年など）。

第三期は、東京転居（一八九五年一二月）から、第四期は『言海』の増訂版である『大言海』編纂を勧められる一九一三年から、としている（小岩弘明「大槻文彦における著述傾向の推移」一九九八年三月）。

節をあらためて、第三期以降の大槻文彦をみていくことにしたい。

近代日本語の確立へ――国語調査委員会などへの参加

一八九六年一月、大槻は『広日本文典別記』を書きあげ、一四年以上前に原稿を書きあげていた『広日本文典』の改訂をはじめ、八月に作業をおえる。そして翌一八九七年一月に『広日本文典』『広日本文典別記』として公刊した。五一歳のときである。このことに象徴されるように、文法書の著述が増え、それにともない標準語の問題、表記の問題などへの論及が多くなる。そして、第二期にはじまった郷土史関係の著述も増え、『伊達行朝勤王事歴』(一九〇〇年)、『伊達政宗南蛮通信事略』(一九〇一年)、『伊達騒動実録』(一九〇九年)などをあげることができる。先にふれた、藤原相之助『仙台戊辰史』に「仙台旧臣　大槻文彦」として序文を寄せたのは一九一一年のことであった。

職などに関しては、一八九七年一一月から一八九九年三月まで東京師範学校国語科講師として日本文典を講義、一九〇〇年には文部省の国語調査会委員を委嘱される(～一九〇二年)。一九〇一年には東京帝室博物館列品鑑査掛を委嘱され、一九〇二年には官制公布された文部省国語調査委員会主査委員に任命される(～一九一三年)。一九〇八年五月に、文部省の臨時仮名遣調査委員会委員(同年一二月廃止)、一九一一年には帝国学士院会員となっている。

この間、主要論考などをあつめた『復軒雑纂』(一九〇二年)を刊行、国語調査委員会主査委員として『口語法』『口語法別記』をまとめる(刊行はそれぞれ一九一六年、一九一七年だが、原稿は一九〇四年起稿、一九〇六年脱稿)。

帝国学士院とは、一八七九年に設置された最大定員四〇名(当初定員は二一名)の文部省所管の学術の発展をはかるためのアカデミーである東京学士会院(初代会長は福沢諭吉)を前身として一九〇六年に勅令により設置され、敗戦後は日本学士院となり現在にいたる組織である。

国語調査委員会についてだが、上田万年が欧州留学(一八九〇年～一八九四年)をおえて帰国し、帝国大学の教授となり、日清戦争のさなかの一八九四年末に講演「国語と国家と」をおこなった。そのなかでは国民の一体感を保証する「国民の精神的血液」としての「国語」、「皇祖皇宗」以来、連綿とつづく「国語」、母や故郷を選べないように選択肢のない「国語」への「愛」を皇室への愛と同様に語っている。その一方で、この「国語」の研究が不足していることを嘆き、その必要性を唱えている(「国語のため」一八九五年一、二月)。

その後、国語研究の必要性は、東京帝国大学に国語研究室が開設(一八九七年)されるという形で示される。さらに一九〇〇年一月に帝国教育会会長・辻新次(一八四二年〜一九一五年)の名で「国字国語国文ノ改良ニ関スル請願書」が内閣や文部省などの各大臣、貴族院議長、衆議院議長宛に提出された。両院はこの請願を採択し、衆議院、貴族院それぞれで建議を提出、同年二月に修正可決している。

これにもとづいて国語調査会が設置されるが予算がつかずに継続できないなどの紆余曲折をへつつも一九〇二年三月に成立したのが国語調査委員会であった。その主事に上田万年がなり、大槻文彦も委員に選ばれた。

ちなみに、貴族院議員の加藤弘之(一八三六年〜一九一六年)ほか二名が提出した「国字国語国文ノ改良ニ関スル建議」をみると、「我ガ邦文字言語文章ノ錯雑難渋ナル世界其ノ比ヲ見ザル所ナリ」からはじまり、その「錯雑難渋」であることが「世界ノ競争場裡ニ馳聘」しようというときに日本の「国力ノ発達人文ノ進歩ヲ阻滞スル」、学生生徒は漢字学習に時間をついやし、ほかの知識を獲得する時間を失っている、などと主張している。したがって「国字国語国文ノ改良」が必要不可欠で「国家ノ事業」として調査と実行を期する、と述べている(井之口有一『明治以後の漢字政策』一九八二年、二七頁より再引用)。

国語調査委員会は一九〇二年四月に委員が任命され、その調査方針を一九〇二年七月に、

一　文字ハ音韻文字(「フォノグラム」)ヲ採用スルコト、シ仮名羅馬字等ノ得失ヲ調査スルコト

二　文章ハ言文一致体ヲ採用スルコト、シ是ニ関スル調査ヲ為スコト

三　国語ノ音韻組織ヲ調査スルコト

四　方言ヲ調査シテ標準語ヲ選定スルコト

という形で発表する。ただ、なぜ「音韻文字」や「言文一致体」を採用するのかといった説明も、方言からどうやって標準語を選定するのかといった議論も紹介されていない。国語調査委員会の委員長は加藤弘之(政治学者。帝国大学総長など歴任)、主事は上田万年、ほかの委員は当初は、大槻文彦、前島密(一八三五年〜一九一九年、郵便制度創設者、「漢字御廃止之議」を一八六六年に将軍徳川慶喜に建白)、嘉納治五郎(一八六〇年〜一九三八年、講道館柔道創始者、教育家)、井上哲次郎(哲学者、東京帝大教授)、沢柳政太郎(一八六五年〜一九二七年、文部官僚、東北帝大、京都帝大総長など歴任、成城学園創始者)、三上参次(一八六五年〜一九三九年、歴史学者、東京帝大教授)、渡部董之介(文部官僚)、高楠順次郎(一八六六年〜一九四五年、仏教学者、東京帝大教授)、重野安繹(一八二七年〜一九一〇年、漢学者)、徳富猪一郎(一八六三年〜一九五七年、ジャーナリスト)、木村正辞《まさこと》(一八二七年〜一九一三年、国学者)という顔ぶれであった。

大槻以外の委員一二名のうち、一八九一年の『言海』完成祝宴に参加したことがわかっているのは、加藤・重野・木村の三名、井上は大槻の主催した文法会に参加していた。そのほかにも国語学者、言語学者、国文学者などの補助委員が任命され、かなづかいの問題をふくめて、政策のための資料ばかりではなく、『仮名遣及仮名字体沿革史料』（大矢透、一九〇九年）、『平家物語につきての研究』（二冊、山田孝雄、一九一一年、一九一四年）などのように学史的に貴重な研究を残している。

先にあげた四つの方針が決まるまで、九回の本委員会が開催されている。会議の議事録は『明治三十五年四月ヨリ同三十六年七月ニ至ル国語調査委員会二十七回分議事速記録』という形で存在することが指摘されているもの（文部省図書局調査課『国語調査沿革資料』一九四九年、六四頁）、実在の確認はできていない。

一方で、一関市博物館所蔵の大槻文彦関連資料のなかから、大槻がかかわった国語調査会、国語調査委員会に関する私的活動日記とも呼べるものが発見された。公的な記録ではないものの、貴重な資料である。各回の概要が紹介されているが、国語調査会は一九〇〇年の四月一六日から七月一一日まで計一〇回開催されたのみであることがわかる。そこでは主に仮名とローマ字の優劣論が展開されていたという。

また国語調査委員会については、本委員会・特別委員会・起草委員会にわかれ、開催日時や出欠、概要が記されている。一九〇二年度から一九一二年度までの一一年間、委員会は計六五四回開催された。記録からは、大槻が精勤しており、口語法の検討が一貫して主要な議題であったことがわかる。とりわけ、最後の二年間は、大槻は文部省に出勤はしているものの委員会にはまったく出席していないというので、このあたりから大槻が『言海』の改訂を真剣に考えはじめたのではないか、との推測がなされている（小岩弘明「国語調査委員会の活動を探る」二〇一〇年三月）。

大槻は『言海』のもととなる原稿を執筆したのは文部省に在職していたときであったが、その自費出版をはじめたときには文部省は非職（休職）であった。『言海』完成後は非職を解かれるが、文部省の委員として国語調査会や国語調査委員会に関与し、近代日本語の構築作業に関われたことは、辞書と文法をつくった大槻にとってある種の感慨があったことと思われるのだが、「自伝」ではふれていない。

一方、文部省は学校教育での漢字制限やかなづかいの表音化に力をいれていった。一九〇〇年の小学校令改正の際には、漢字の音をかなで表記するときに長音を「ー」であらわす、いわゆる棒引きかなづかいが導入されたのは象徴的である。さらに文部省は、これを当初は漢字の音の表記だけで訓には適用せず、口語に限り、なおかつ初等教育段階だけにとどめていたのだが、それを一気にすべての表記に適用しようとした。この案に対し、賛否両論わきおこり、「文部大臣ノ監督ニ属シ国語及字音ノ仮名遣ニ関スル事項ヲ調査」するために一九〇八年五月に勅令一三六号により臨時仮名遣調査員会の官制が公布された。大槻はこの委員会のなかで表音的かなづかい採用の主張をおこなっている。大槻の主張の詳細はⅢ章で紹介する。

文学博士号授与について

ところで、大槻が文学博士号を授与されたのは、一八九九年三月のことであった。

箕五百里が井上哲次郎らからきいたところによれば、『言海』完成後、「人の勧めるに任せて、言海一部を学位請求論文として大学に提出した。ところが、大学の教授のなかに「言海は立派な辞書には相違ない。然し論文ではない。論文でないものを学位請求論文とすることはいかゞであらう」といふ人があつて、学位授与のことは審議されなかつた」という。井上哲次郎もこの意見に与したが、大槻とは文法会以来のつきあいであり、「日本文法」の草稿があることを知っていたので「奔走斡旋し」、これをまとめて学位論文として請求することを大槻に提案、大槻もこれにこたえ、宮城県尋常中学校長の公務で多忙であったが「病気と称して伊香保に籠って勉強」するなどしてかつて書いた原稿を整理、『広日本文典』『広日本文典別記』として一八九七年に刊行、これを学位請求論文として提出したという。井上は一八九七年から一九〇四年まで東京帝国大学文科大学長（のちの文学部長にあたる）をつとめている。大槻の「自伝」によれば、井上の先代の文科大学長である外山正一（一八四八年〜一九〇〇年）にも、「草稿である内に外山正一さんが見たいと言はれたから出したことがある」という（「自伝」二三四―二三五頁）。

ただ、「その後、教授会では、「大槻なら論文にも及ぶまい」と云ふ様になつたとかで、推薦によつて明治三十二年（一八九九年）文学博士の学位を得られた」とされている（筧五百里「大槻博士伝補遺」一九二八年七月、七九頁）。これによれば、博士学位のために『広日本文典』『広日本文典別記』が公刊されたように読める。『語法指南』以降、文法書は公刊していないので、博士学位のため、という見方もできようが（そして『広日本文典』以降、いくつか文法書――『中等教育日本文典』、『中等教育日本文典初歩』（一八九七年）、『修正日本文法教科書』（一九〇一年）、『日本文法中等教科書』（一九〇二年）など――を公刊する）、原稿が一八八二年に脱稿したままだったのであれば、博士学位請求は眠っていた原稿を世に出すひとつの大きな契機になったとはいえるだろう。

なお、『広日本文典別記』の「自跋」には、「語法指南」が出てから文典と称するものが二、三〇種刊行されるも、その六、七割は「語法指南」の「立案に従ひて、書中の文句は、諸書に、剝ぎ去られ、切り取られて、全篇、完膚なきまでにいたりぬ」とある。要するに剽窃されたというわけである。これは一種の栄誉だというが、「語法指南」の誤りを訂正して出したいという思いがあったとも記している（六―七頁）。書肆の求めるままに「語法指南」だけをそのまま刊行してしまったことへの後悔もあったのかもしれない。

ただ、大槻は博士号について「三十年（一八九七年）から高等師範学校で日本文典を教授することとなり、三十二年に学位を授けられた。拝受して直ぐに高輪東禅寺の亡父の墓を拝し、兄の如電も来会して泣いて其旨を墓へ告げてくれました」（「自伝」二二八頁）と語り、「是れ（『広日本文典』）が其筋の認めるところとなつて学位を授けられるやうになつたと思はれます」と述べるのみである（二三五頁）。大槻自身も『広日本文典』に対して博士学位が授与された、と認識しているようにうけとれる。

博士会の学位

しかし、名誉博士号ではあるまいし、論文の審査もなく博士号が授与されるのであろうか。

ところが、かつてそういうことが可能な学位の制度が存在していた。一関市博物館の企画展示『言海』誕生一二〇周年」（二〇一一年七月三〇日〜九月一一日）の図録『ことばの海――国語学者大槻文彦の足跡』（二〇一一年）に掲載された大槻の「学位記」（四二頁）をみると、「博士会ニ於テ学位ヲ授クヘキ学力アリト認メタリ」と記されており、博士会による学位認定だったことがわかる。

では、博士会となにか。学位令が勅令として出されたのは一八八七年のことであった。これが一八九八年一二月に改正（第二次学位令）され、第二条が以下のようになった。

第二条　学位ハ文部大臣ニ於テ左ニ掲クル者ニ之ヲ授ク

一　帝国大学大学院ニ入リ定規ノ試験ヲ経タル者又ハ論文ヲ提出シテ学位ヲ請求シ帝国大学分科大学教授会ニ於テ之ト同様以上ノ学力アリト認メタル者

二　博士会ニ於テ学位ヲ授クヘキ学力アリト認メタル者

帝国大学分科大学教授ニハ当該帝国大学総長ノ推薦ニ依リ文部大臣ニ於テ学位ヲ授クルコトヲ得

この改正では、大学院修了と論文審査にくわえ、博士会および総長による博士号認定制度が追加された（それまでは帝国大学評議会の審査・推薦）。同時に制定された博士会規則によれば、文部大臣の監督に属する、「当該博士」によって組織されるもので、博士号の授与について審査した（たとえば文学博士会が文学博士号の授与について審査する）。

この博士会は一九二〇年の学位令改正まで存続したのであるが、一八九八年から一九二〇年までの間に授与された博士号（大学院修了、論文提出、博士会推薦、総長推薦）の数を分野別に分析した天野郁夫によれば、医学博士号は総数八四二名のうち論文提出が八一七名で九七％、理学博士号は総数一四六名のうち論文提出が九六名で六五％を占めるが、法学博士号は総数二〇三名のうち、大学院修了は二名、論文提出が三〇名であるのに対し、博士会推薦が一一〇名で五四％、工学博士号は総数三五六名のうち一八六名で五二％と半数以上を博士会推薦が占めている。文学博士号は総数一八一名のうち大学院修了が二四名、論文提出が七八名に対し、博士会推薦が四二名で二三％を占めるが、他の博士号に比べて存外バランスがとれている。

ただ、こうした推薦による博士号が増加することは、業績本位によるものとはいいがたい不透明なものであり、「タケノコ博士」などと批判されていたという。博士会による推薦はかならずしも本人の同意はいらないようなので、一九一一年に夏目漱石に博士号を授与し、漱石がそれを辞退したのも、博士会推薦だからであった（天野郁夫『帝国大学』二〇一七年、一五七―一五八頁）。

そういうことになるので、「大槻なら論文に及ぶまい」という経緯があったかはともかく、教授会での審査ではなく、博士会での推薦にまわされたということになる。

博士号が授与されたあと、『東京朝日新聞』には「字書著すべし」という記事が掲載された（一八九九年七月二六日）。そこでは、以下のように記される。

> 字引学者と云ふ語は一時は融通の利かぬ学者を軽蔑したる語なりしも西洋には字典学《レキシコグラフキー》と云ふ学問さへありて貴き者と聞きてや日本でも「言の林」を著はしゝ物集高見《もずめたかみ》君と「言海」を著はしゝ大槻文彦君は博士になりぬ「詞のその」を著はしゝ近藤真琴君も生きて居れば博士になる処を惜

い事なり此次は「いろは字典」の著高橋五郎君の番なるべしと京童は云ふ

辞書を編纂すれば博士になれる、というやや皮肉な書き方である。世間では『言海』によって博士号が授与された、と認識されていたようである。

なお、『ことばのはやし』を『言海』よりはやく一八八八年に刊行した国学者・物集高見は大槻と生没年が同じであるが、文学博士号も、同じ時に授与されている。ただし、大槻が博士会に認められたものであったのに対し、物集のものは帝国大学総長推薦によるものであった。また、大槻と同時に博士会に認められ授与されたのは、坪内雄蔵（逍遙）・三上参次・佐藤誠実（明治政府が企画した一種の百科事典『古事類苑』編纂に従事）ら計七名であった（「博士号授与式」『東京朝日新聞』一八九九年三月二八日）。

物集は東京帝国大学教授であったが博士号が授与された翌月、文科大学長の井上哲次郎から辞職勧告を受け、辞職する。五三歳である。子息の国文学者・物集高量《たかかず》（一八七九年～一九八五年）によれば、その数日前にかつての教え子である上田万年と文学論争をして上田を激怒させ、上田の画策により「後進に道を譲ってほしい」とのことで辞職を受け入れることになったらしい。物集高見は「上田万年の家は小石川伝通院にあるが、決してその前を通ってはならぬ」といいつけていたという（物集高量『百歳は折り返し点』一九七九年、二六一頁）。

ともあれ、『言海』や『広日本文典』そのものが審査対象となって文学博士号が授与されたわけではない、ということを確認しておきたい。こうした業績をあげたこと自体が評価された、ということである。

『大言海』へ――『大言海　文献集』などから

大槻が『言海』の増補改訂を冨山房社長の坂本嘉治馬から勧められたのは一九一二年四月三日のことであった。大槻六六歳である。そして、この年の七月に明治はおわる。大槻は郷土史関係の著述を除くと時間を惜しんでほぼこの作業に没頭した。

というとストイックなイメージが湧くが、大槻は酒が好きで、毎日三合は必ず飲んだという。大槻の養嗣子・茂雄によれば「月桂冠で防腐剤なしのレッテル附のもの、しかも銀座の明治屋から買ったものでなければならぬ」らしい。

ちなみに防腐剤なしの瓶詰め月桂冠とは、樽詰め主流の時代、明治屋が一九一五年に京都伏見の大倉恒吉商店（現・月桂冠株式会社）と契約を結び、販売権を一手に握った「特製月桂冠（名誉月桂冠）」である。樽の場合、一石（一〇〇升＝約一八〇リットル）あたり一〇匁（約三七・五グラム）のサルチル酸を上限に防腐剤として使用することが許されていたのだが、悪酔いの原因にもなっていた。

そこで、加熱処理ができる防腐剤不使用の瓶詰め清酒は新しい市場の開拓に結びつくとして、明治屋が有名銘柄の蔵元と交渉をつづけ、ようやく大倉恒吉商店と契約を結ぶことになった。大倉恒吉商店ではすでに一九一一年から防腐剤不使用と明記したラベルを瓶に貼っていたこともあり（「月桂冠」銘の日本酒は一九〇三年から）、明治屋の販売網に乗ることで、「場違酒」と蔑称されていた伏見の日本酒の評判を高めることに寄与したとされている。「名誉」の名がつくのは、大正天皇即位大典の大饗

図5　特製月桂冠ポスター（年代未詳）

宴で提供されたためであった（『明治屋百年史』一九八七年、一〇八―一〇九頁）（図5）。

大槻は、食事に好き嫌いはなかったが、味覚は鋭かったようである。月桂冠は甘口であるが、大槻茂雄によれば、文彦自身「決して酒が好きで飲むのではない。全く睡眠剤として飲むのだ」といい、寝酒として、冷酒を枕元においてちびりちびりと朝までに飲みほしていたという（箕五百里「大槻博士伝補遺」一九二八年七月、八一頁）。これでは睡眠剤にならないような気がするのだが、酒好きはなんでも呑む理由にする、ということは、実感としてわかる。

残念ながら、大槻は、完成をみることなく一六年後の一九二八年に没する。大槻の大正時代とは『言海』の増訂作業でおわったといってもよいだろう。しかし作業は言語学者・新村出《しんむらいずる》（一八七六年〜一九六七年、新村はこの間、『辞苑』（博文館、一九三五年）の編集もおこなっていた）らによって継続され、一九三二年に第一分冊が刊行される。「満洲国」建国の年である。第五分冊の索引刊行は一九三七年、日中戦争がはじまる年である。

そして、一九三二年一一月一〇日に東京会館で完成記念祝賀会が開催された。祝賀会の参会者は五〇〇名になったという。『言海』のときは三〇数名であったから、もしも大槻が在世であれば隔世の感をもったはずである（図6）。

冒頭の挨拶に立った坂本嘉治馬は、改訂を依頼した時のことをふりかえり、それ以前から大槻には改訂の意思があったと述べている。『言海』の発行所・六合館の了解もとり、編集室は大槻の東京日暮里の自宅においた。「それ以来他の公私の仕事は全然御取止めになりまして、言海一つに全力を集中してゐられた」が、一九一六年、七〇歳のとき肺炎で重態となる。このときは医師が自宅に詰めきりとなり、新聞記事にもなった（「大槻博士重態」『東京朝日新聞』一九一六年三月七日）。

運よく回復し、後述の伊豆下田での湯治・避寒をしつつ作業をすすめ、新聞には訪問客も謝絶する「著述病」（『東京朝日新聞』一九一九年二月九日）と書かれるような精勤ぶりで、坂本によれば「朝は八時より夜の九時頃まで編輯の方々を御督励なさつて、大正十年〔一九二一年〕頃になりましては、もう見本を組んでも宜いといふ位な運び」となった。

図６　『大言海』刊行記念祝賀会（『大言海　文献集』1932年、68頁）

しかし、一九二三年九月一日、関東大震災にみまわれる。火災は大槻宅の隣で止まり、原稿に被害はなかった（坂本嘉治馬「挨拶」一九三二年、七〇頁）。

冬期は一九一六年二月に肺炎になったあとに湯治などで滞在したことのある伊豆下田の蓮台寺温泉の旅館掛塚屋で避寒しつつ作業が進められた。一九二四年の冬（〜一九二五年春）まで毎年通ったとのことである（大槻茂雄談「蓮台寺と鎌倉」一九三二年、四一頁）。一九二五年二月、蓮台寺温泉最後の滞在となったときに豆陽中学校（現・静岡県立下田高等学校）に赴任した松尾捨治郎が大槻を訪問している。松尾は以下のように描写している。

通された部屋は六畳の間で、机の辺には〔橘〕守部全集、俚言集覧など沢山の本が見えたが、しかし自分の思つたほど参考書が多くはない。行李が一つ二つだけである。年老いては居られるが何所となくがつしりした丈夫さうな御顔に見受けられる。紋付の羽織を着て居られたのは若しや訪問者に対する礼を重んぜられたものではないかと恐縮した。（「学界の偉人大槻博士を訪ふ」八四頁）

一九一六年は一二月末から翌年四月まで滞在していたが、ほとんど掛塚屋に籠もり、朝から夜九時まで『口語法別記』の例言・端書の執筆、『言海』の校訂、『口語法別記』の校正などをおこなっていた（『復軒旅日記』一七九、一八六頁）。ちなみに、一九一七年末から翌年三月まで同様な滞在をおこなっているが、その際の出費細目が『復軒旅日記』に記されている。大槻の几帳面さがわかるのだが、先の一日日本酒三合と関連して、滞在期間中のうち八二日間で「酒一斗二升二合」を購ったとある（同前、二一四頁）。一日平均で約一・五合呑んでいた勘定になり、多量飲酒というイメージはない。大槻がいつごろから「名誉月桂冠」をたしなむようになったのかはわからないが、この「酒一斗二升二合」は「名誉月桂冠」とは考えにくい。一日三合をたしなんだ「名誉月桂冠」がよほど口にあった、ということはいえそうである。

ともあれ、その後の蓮台寺温泉滞在にあっても、坂本からの手紙の返事を書く時間すら惜しい、としたためるような精勤ぶりであった。

蘇峰・徳富猪一郎も挨拶をする。三〇年前に国語調査委員会委員に大槻とともに任ぜられたはずなのだが、そのときの話は出ない。

四〇年以上前に文法会で一緒だった井上哲次郎は、大槻が『言海』の増訂ではなく、難しいことばだけを別に解釈する難語辞典を作るつもりで準備していた、と語る。そして、井上に以下のように語ったという。

自分の祖父は蘭学で名を挙げた。自分の父は漢学で世に聞えた。自分は方面を変へて、国語の方で一つしつかりやらうといふ考である。（井上哲次郎「祝辞」八一頁）

そしてその通りとなった。祝賀会の模様は、冨山房の『大言海　文献集』（一九三二年）に記録されている。

語源へのこだわり

大槻は『言海』の増訂にかかりきりであったが、語源については積極的に自身の考えを発表していた。「若干語の語原」（一九一五年二月）、「仏語より出でたる俗語」（一九一八年四月）、「歌詞の語源」（一九一九年一〇月〜一九二〇年三月）、「国語語原考」（一九一九年一〇月〜一九二〇年六月）、「辞書編纂の苦心談」（一九一九年一一、一二月）などである。

このなかから「国語語原考」の冒頭部分を引用する。

余は、言海と云ふ辞書を作りて、明治二十四年に刊行せし事ありき。爾来、三十年間、絶えず其の増訂に従事し、語原を加へむとす、壮年の旧著なれば、改説せし所多し、語数をも、凡そ三倍にせむの心なれば、完結容易ならず、因て、其の中より抄録せしもの、此の稿なり。(「国語語原考」一九一九年一〇月、四九頁)

増訂の際にはどうしても語源をくわえたかったことがわかる。『東京朝日新聞』でも「語源中毒にまでかゝつた/言海の老博士」(一九二六年四月三日)などとされるほどであった。

国語学者・保科孝一(一八七二年〜一九五五年)は、上田万年に教えを受けた世代にあたるが、補助委員として、国語調査委員会に関与したことがあった。その保科も、『言海』と『大言海』のちがいとして、語数の増加(約九万語)、語の解釈説明が精細になった、語源説が増加した、用例の出典が明示された、という四点をあげている(「五十余年の心血　感激の涙あるのみ」一九三二年)。

大言海の祝賀会での挨拶や『大言海　文献集』(一九三二年)に寄稿したなかで、語源について言及する者が多い。たとえば徳富猪一郎は祝賀会の挨拶で「時としては語源の穿鑿が、牽強付会に過ぎはしないかと心配する程でありますが、とにかく面白い」(「団十郎と左団次」七七頁)と述べ、上田万年は、

一体、語原の研究といふことは、まことにむづかしいことであつて、今日の学界では、外国語の

知識、方言の知識なしに語原を研究するといふことは、常につゝしまれてゐる。が、この方面に向つて多くの期待を〔大槻〕先生に求めるのは、これは少し無理であらう。先生は先生の出来る範囲において、この側の研究をなされたのであつて、「大言海」を繙くところの人は、この点に注意して、この書を利用しなければならないと考へる。(「「言海」と「大言海」」二五―二六頁)

と、どことなくエラそうに注意を喚起している。そういう上田も「ヒト(人)」とサンスクリット語の「ピトリ」を結びつけたことがある(「普通人名詞に就きて」『国語のため』一八九五年)ことは、つけくわえておきたい。

保科孝一も大槻の語源説に「尚深く攻究を要するものの少くないことが随所に見出されるのは、国語学の現状から見てけだし止むを得ないことであろう」(「五十余年の心血　感激の涙あるのみ」二九頁)という評価を下している。また、父を通じて古くから大槻の面識を得ていた仙台出身の朝鮮語学者・小倉進平(一八八二年~一九四四年)は、『大言海』の第一巻をみたかぎりという前提であるが、として、「朝鮮語起原を積極的に肯定せられたものの二三存する」けれども、朝鮮語として立項した単語がいくつかある点、とはいいながら朝鮮語と結びつけることについて慎重な大槻の姿勢を評価していた(「「大言海」第一巻を読みて」四〇頁)。

英文学者の豊田実(一八八五年~一九七二年)のように、「我々が日常何心なく用ゐて居る語には語原があり、之を知ることは吾々の想像を富まし、内部生活を賑す所以でもある」と無難なコメントを残す者もあった(「一国文化の宝庫」五一頁)。

語源という問題——実用性と国語の純粋性と

そもそも、だれしも納得する語源をすべての語について追究することは無理なのにもかかわらず、大槻は語源にこだわった。

『言海』では、「語原」は「一箇《ヒトツ》ノ語《コトバ》ノ成レル原《モト》」と説明されている。たとえば「泥鰌」にふりがなをつけるとすれば、いまなら「どじょう」で十分だが、歴史的かなづかいなら「どぜう」なのか「どぢやう」なのかを判断するひとつの根拠として語源が重要になってくる。かなづかいが定まらないと辞書の排列ができない、ということもある。大槻は「土長」「泥生」「土生」からくるので「どぢやう」だ、と判断している。ちなみに上田万年はこの説に反対している（「『言海』と『大言海』」二六頁）

こうした実用性は、以下のようにも示される。

西洋の辞書を閲するに、語毎に語原を記してあり、語の意義は、注釈に因りて、ひとわたりは会得すれども、更に、其の語原を説ける所に入りて読めば、其の意義、一層心に徹底す、語原、実に必要なり。（「国語語原考」一九一九年一〇月、四九頁）

また、一九二五年に松尾捨治郎に語ったところでは、

〔『言海』の〕増訂についてはその後種々な新著が出て来たので、それと同じ様な物を作つても致

し方がない、何か特色のあるものをと考へて見るに、どう云ふものか我が国学者に語の源を研究した人が少い。古い語については研究したものもあるが日常の語は俗語と云つて研究の値が無い様に考へ、徳川足利鎌倉時代の言語共にどうも語源の分らんものが沢山ある。一体語源など分らんでも善いといふかも知れんが、自分の考ではそうでない。いろいろの使ひ方が分つても、其の語源が分らんと、どうも薄物を隔てて見る様ではつきりしない。之を逆に云ふと語源が分らんければ使ひ方も誤り易い。それで外国の辞書には皆 Derivation 即ち語源が一々付いて居る。（松尾捨治郎「学界の偉人大槻博士を訪ふ」八六頁）

と語っていたという。語源を知れば正しく使えるし、外国の辞書にも語源は記されているではないか、ということである。

大槻が参考にしたウエブスターの辞書でも語源が重視されている。西洋基準というのが存外大きいのかもしれないが、語の意味をしっかりと覚えるために語源の説明は必要だ、という立場のようである。だから語源を記した辞書が少ない日本の状況を嘆き「辞書としては、不具なるを免れず、然して、語学者のあらゆる語原を研究したる人なし」と断言する（「国語語原考」一九一九年一〇月、四九頁）。

語源をたどるということは、用法の出典を明記しながら語の変遷の歴史をたどることである、と大槻はいう（同前、五一頁）。そして、その起源が別の言語となる場合もある。となれば、語源をたどることは、日本語とそうでないものとを区別することになる。

たとえば、一八八四年に発表した「外来語原考」では、「外来ノ語」が日常的に用いられることが長くなると「終ニ国語ノ如ク覚エテ、知ラサルモノモ多キカ故ニ、爰ニ其語原ヲ失ハンコトヲ恐レテ」記録した旨が書かれている（「外来語原考」一八八四年二月、一二四頁）。日常用語のなかの外来語をみつけて「純粋な国語」と区別するということであり、それは一方で「連綿とつづく国語の歴史」を保証する根拠をつくりだすことでもあった。

何を外来語として認めるのかということもある程度の恣意性から免れることはむずかしい（この点、Ⅱ章でまたふれる）。

そもそも、語源説がどの程度妥当なのかの判断もかなり難しい。たとえば「国語語原考」では、大槻は「我が古語の語原は、凡て、やすらかに、無造作に成れるものとの意見を持す」とのことで、「旗」は「はたくとはためく」から、「星」も「空に、穴のぼちくあきたるが如く見ゆる」から、つまりは「神代の人の単純なる性に、理窟はなかるべしと考ふ」ということを根拠に主張されると（「国語語原考」一九一九年一〇月、四九頁）、徳富ならずとも「牽強付会」と思わざるをえない。これはたんに「純粋無垢」という大槻の古代観を投影しただけである。

語の歴史を知ることはけっして無意味ではない。その意味では用例を時系列に並べていくことには意味があるだろう。しかし、語源となれば、諸説入り乱れ、定説を得ることの困難さが強調されるのみなのではなかろうか。徳富がいうように語源を読む楽しさが増すという点で、「読み物としての辞書」の側面が強調されるのかもしれないが、それを辞書という媒体に載せる価値があったのかどうかという点は、再考されるべきであろう。

大槻文彦、逝く

『言海』の範囲をこえて論じてしまったが、こうした増訂作業がつづくなか、大槻文彦は、一九二八年二月一七日午前五時、療養中の自宅で肺炎を悪化させ、死亡した。

翌日の『東京朝日新聞』は、「大槻文彦翁逝く／「言海」の著者で有名な学者／昨夜根岸の自邸に」として報じ、上田万年の談話を「最大の国語学者」として掲載した。

大槻先生は日本の持つ最大の国語学者で彼の日本広文典と言海とは明治年間を通じてのもつとも偉大なる著述中の二つであつたと信ずる、国語学を修めた程の人でこの二著述の恩恵をうけなかつた者は絶無といつてもよいであらう、私は国語調査委員会で長い事先生と一緒に仕事をして来たが先生の学識と人格とには心から敬服してゐた今先生を失つた事は非常に残念であるが、数年来先生が心血を注がれて居られた言海の改訂版の出版を見ずに亡くなられたことは先生もさぞ御遺憾の事であつたと思ふ

大槻が『百科全書』のなかの「言語篇」として訳した原文の一部を、上田が翻訳し、「博言学」と名づけてみずからの名前で公表したことは先に記した通りである。その上田も一九二八年には六一歳、前年に東京帝国大学を定年退職し、名誉教授となり、国学院大学長をつとめていた。学界の重鎮といってまちがいのない人物であったが、ここでいう「日本広文典」は、『広日本文典』の誤記である

（上田はよくこうまちがえる）。『広日本文典』は、『言海』の巻頭に配された「語法指南（日本文典摘録）」の完成版なので、国語学にとっての「偉大なる著述中の二つ」は『言海』に淵源する。

別のところでも上田は「この文典（『広日本文典』）とこの辞書（『言海』）とが出でて、日本の国語界はまづ恥づかしからぬ標準を得たといつてもよく、随つてそれが、学界に貢献したことの多大であつたことは申すまでもない」と述べている（「『言海』と『大言海』」二四頁）。

保科孝一も同様に、「明治時代において我が国語国文学界、なおひろくいえば、国民の文化生活上にエポックメーキングな一大貢献をなして居るのは大槻博士の言海と広日本文典である。この二名著によつて、はじめてわが国語国文学の前途が開拓されたといつてよい」としている（「五十余年の心血感激の涙あるのみ」二七頁）。幕末から明治を生きた人物が、近代の国語学の土台をつくった、という位置づけであろうか。

同年二月二八日には植民地朝鮮でも、朝鮮総督府寄りの朝鮮語新聞『毎日申報』が「言海著者／大槻氏死去」という訃報記事を掲載している。「明治八年二十九歳から言海の編輯を始め、その事業で一生を終えた」との紹介がなされている。

明治百傑となった大槻文彦

最後に、大槻が「明治百傑」に選ばれたというエピソードを記して本章を閉じたい。

高崎雅雄という人物がいた（一八八八年〜一九五六年）。耳鼻咽喉科の開業医から慶応大学で医学博士号を取得し、東京逓信診療所（現・東京逓信病院）耳鼻咽喉科長になった医師なのだが、国民礼普及会なるものを組織し、「連鎖握手礼」を提唱した、少しユニークな人物である。

この「連鎖握手」とは、一九三二年一月の桜田門事件（朝鮮人の李奉昌《イボンチャン》（一九〇〇年～一九三二年）が天皇の馬車列に手榴弾を投じた事件。大逆罪により死刑）や同年二月から三月にかけての血盟団事件（井上準之助前蔵相らの暗殺）、そして五・一五事件などをふまえたもので、高崎は「鹵簿《ろぼ》（天皇の車列）拝観連鎖握手礼」と呼んでいた。要するに天皇の車列を「拝観」するときは、両側の人たちと手をつなぎ、車列を守る（＝両手がふさがれるので何かを投じることはできない）べきだ、という「人間の盾」で天皇を守れという主張である（図7）。同年二月からすでに『日本警察新聞』に関連する記事を執筆し、『警察協会雑誌』『自警』などの警察関係の雑誌でも紹介されるようになっていた。

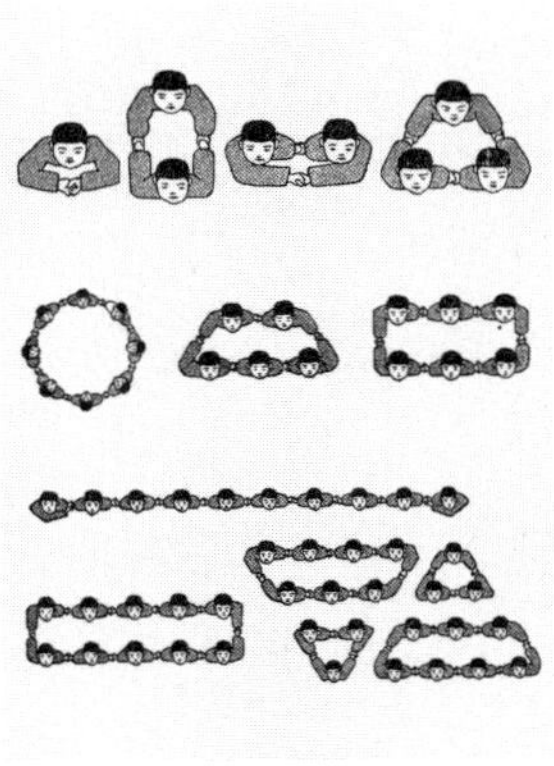

図7 『思想善導　連鎖握手国民礼』1933年、口絵

警察での認知が高まっていたからかどうかは不明だが、高崎によれば現に同年一一月二九日の陸軍大学校行幸の帰路、「連鎖握手」が実行されたという（ただし、当時の新聞記事などでは確認できない）。感激した高崎は、これを「国民礼」とも呼び、その普及を国会にも請願している（高崎雅雄『思想善導連鎖握手国民礼』一九三三年）。この国民礼普及会の顧問名簿には政財界・学界の錚々たる名前が百名以上並ぶ。賛同を求められれば拒否のできない内容ではある（上田万年の名もある）。

その高崎が「明治百傑殿」の建設を計画する。「英国のウエストミンスター寺の如くに代表的尽忠報国の功臣を祭りて、靖国神社に比すべき」ものとして「敬神愛国精神の作興に資する」ための建設だという（高崎雅雄『明治百傑殿』一九三五年、五頁）。ウェストミニスター寺院ばりに偉人を祀る、ということであり、この百傑は高崎の主観により選ばれた故人だそうだが、著名な政治家・実業家・歌舞伎役者などのなかに、ことばの研究をした者として唯一大槻文彦がふくまれている。事績を高崎みずから書いた『明治百傑略伝』（一九三五年）の「大槻文彦」には、こうある。

> 国語学者。盤渓の第三子。名は清復、復軒と号す。開成所、大学南校に入りて英学、数学を修め、明治六年文部省に出仕して英和対訳辞書、日本辞書の編輯に従ひ、又諸学校に教鞭を執る。三十二年文学博士、三十五年国語調査委員会主査委員、四十四年帝国学士院会員に挙げらる。言海・広日本文典・大言海等の著あり。昭和三年没、年八十二。言海の完成に前後十有八年を費したるを以て殊に有名なり。（一五頁）

これだけである。これだけではあるが、必要にして十分にも思われるし、国語学とは関係なく、とにかく「明治百傑」がほしい高崎にとっては、これ以上は望みようがなかったともいえる。それはいいかえれば、世間の認識の最大公約数であり、こうした形で大槻が記憶されつづけていくことを示してもいる。「言海の完成に前後十有八年を費したるを以て殊に有名なり」という一文が受けつがれているといってもよいだろう（一般的には一七年とされるが）。

百傑殿建設に近く着工する旨を報じた「明治百傑殿建設」（『東京朝日新聞』一九三五年四月二三日朝

刊）によれば、三〇万円の募金をつのり、敷地は当初明治神宮表参道の故・横田千之助（一八七〇年〜一九二五年、司法大臣など歴任）邸約七百坪を借りて建設される予定であり、「朝倉文夫、安藤照氏その他の彫刻家の手許で西郷南洲〔隆盛〕翁、大隈侯等の胸像を制作中である」と記されている。朝倉文夫（一八八三年〜一九六四年）は大分出身で当時帝国美術院会員の彫刻家、安藤照（一八九二年〜一九四五年）は鹿児島出身の彫刻家で初代忠犬ハチ公像や鹿児島県城山の西郷隆盛像を制作したことでも知られる。こういう「大物」に依頼ができた、ということであろうか。ただ、この両名は先の国民礼普及会の顧問名簿にはない。

しかし、一九三八年に明治百傑殿が竣工した際の新聞記事（「世の冷笑と苦闘五年／涙の〝明治百傑殿〟／医学博士の悲願成る」『東京朝日新聞』一九三八年五月三〇日朝刊）をみると、資金の窮乏で、百傑殿自体は場所をかえて池袋の高崎の住居に隣接する土地を借りた約二五坪の堂宇となって完成するのだが、「今まで彫刻家に依頼して来た彫像を丸つきり素人の同〔高崎〕博士がたゞ医師は手先きが器用だといふだけをたよりに胸像製作のたよりにしたものであつた」という。この間、高崎は一九三六年二月の第一九回衆議院議員選挙に茨城二区から出馬、落選している。一一三体に増えた胸像は同郷茨城の彫刻家・木内克《きのうちよし》（一八九二年〜一九七七年）がみるにみかねて指導し、高崎が制作したものだと記事はいう。一一三体を高崎は五年かけて作製したとしており、最初につくった五〇体は出来に納得がいかないので、百傑殿の地下に高崎の爪や記録とともに埋めてしまったというので、約一六〇体つくっていることになる。一ヶ月に二・五体のペースである。素人にはありえないような気もするが、いくつかは依頼したものがあった、ということであろうか。

ともあれ、少なくとも高崎雅雄のなかでは、明治を代表する「偉人」に大槻文彦が位置づけられた、ということは確かである。もちろん、高崎に限定する必要はなく、もう少し一般的な評価ととらえてもよいであろう。

Ⅱ

『言海』のめざしたもの

辞書と字引と字典と辞典と

本章は『言海』という「辞書」の内容についての話になる。

そこでまず単純に「辞書」とはなにか、ということから考えたい。序で『言海』完成祝宴会における西村茂樹の祝辞を紹介したが、そこで西村は「字引」ということばをもちいていた。『言海』は『日本辞書言海』と「日本辞書」が付された書名で刊行されており、版権登録も「日本辞書 言海」でなされている。しかも『言海』冒頭の「本書編纂ノ大意」では「此書ハ、日本普通語ノ辞書ナリ」と「辞書」であることが宣言されているのにもかかわらず、西村は「字引」ということばをもちいていた。

では、「辞書」と「字引」はどうちがうのだろうか。そこで「字書」もふくめて『言海』の語釈をみる。なお、「辞典」は立項されておらず、「字典」は「漢字ノ字引字書」とある。

―字書― 字引ノ条ヲ見ヨ

―辞書― 字引ノ条ヲ見ヨ

―字引― 漢字ヲ集メ列ネテ、其形、音、意義等ヲ説キタル書ノ名、字ヲ解シ難キトキ、引出シテ見ルニイフ。字書 又、和語、其他諸外国ノ言語ヲ集メ説キタルニモイフ。辞書。

「字引」ですべて説明する形になっていることがわかるのだが、横に引かれた棒のあいだに漢字表記がおさめられ、右に傍線あるいは二重傍線が引かれていることにも注意したい。これは本章でのちにあつかうが、大槻の語種分類の精密さを示すものであり、『言海』に掲載されている「種種ノ標」にしたがうと、傍線は「和ノ通用字」、二重傍線は「和漢通用字」を示している。「和漢通用字」とは、日本語でも中国語でも同じ形で同じ意味で用いる語であり、傍線の「和ノ通用字」とは、漢字語であっても日本語と中国語で意味が異なる場合、あるいは中国語にはない場合を示している（今野真二『『言海』と明治の日本語』一三七頁）。

字引は、漢字についてのもの、と明記されている。「引き出して」漢字の意味を調べるから「字引」という語源解釈が妥当なのかはおいておくが、語釈全体からすると「辞書」は「字引」にふくまれることになるので、西村の用法もとくにまちがいとはいえない。

しかしもう少し考えてみたい。「辞書」ということばはいつごろから辞書に採録されているのだろうか。

便利なことに惣郷正明編『目で見る明治の辞書』（一九八九年）に実例が掲載されている。対訳辞書でみると、おおまかなところをとれば、dictionary は字引・字典・字書と対応するものがおおい。「辞書」は、オランダ語辞書の『訳鍵』（一八一〇年）にみられるのが例外的にはやいもののようである。明治初期には「辞書」を「コトバガキ」とよませる例もみられるが、一八七二年の『袖珍 英和節用集』では「辞書」には「ジシヨ」とよみが付され、dictionary があてられている。他の例もみていくと、英語にかぎってだが、dictionary, lexicon の対応として、字引・字典・字書が優勢だったものが、明治二〇年（一八八七年）を前後するころから、「辞書」もめだつようになっていく。これはジェームス・カーチス・ヘボン『和英英和語林集成』の各版の差にも象徴されている。まず、和英の部では、

	初版（一八六七年）	再版（一八七二年）	三版（一八八六年）
字引	A dictionary, lexicon.	A dictionary, lexicon.	A dictionary, lexicon.
字典	なし	A standard dictionary, lexicon.	A standard dictionary, lexicon.
字書	なし	なし	なし
辞書	なし	なし	Dictionary, lexicon.

となっており、三版から「辞書」が登場してくることがわかる。もちろん、記載がないからといってそのことばが使用されていなかったというわけではないが、ある傾向をとらえることはできるだろう。英訳をみると、字引でも辞書でも同じように思える。一方、英和の部をみると、

	初版（一八六七年）	再版（一八七二年）	三版（一八八六年）
dictionary	Jibiki	Jibiki	Jibiki, jisho, jiten
lexicon	Jibiki	ibiki, jiten	Jibiki, jiten, jisho, jii

となっている。「字書」が和英の部に採録されていないことからみて、ここの「jisho」は「辞書」をさすと考えてよいだろう。とすると、この時期に、字典・字引といった「字」系統のものとはまた別の「辞」系統の「辞書」もしくは「辞典」が、あらたな意味をもって定着していったのではないだろ

うか。

『言海』でも見出しの下の「辞書」には傍線が引かれていた。つまり中国語にはない「和ノ通用字」という大槻の認識が示されているわけであり、「字引」とまったく意味の重なることばとしてとらえていた、といいきることはできないだろう。

新しい「辞書」

あらたな意味をもたせて「辞書」を定着させようとしたものもいた。

たとえば、序にも引用した上田万年の一八八九年の講演では、「辞書」を「語を網羅したるものを辞書と名く」として、さらに「今一国辞書の定義を下せは、一国の語を蒐集し、語の体形及び意義を明記し、且つ尤も見安く順列したる書籍なり」としている（「日本大辞書編纂に就て」一八八九年二月、六三頁）。「語の体形」とは「音とその音を文字に現はす上とを云ふ」ものであり、発音法・文法上の性質・専門語を区別し示すことだとしている（同前、六六―六七頁）。ちなみに、ウェブスターの *An American Dictionary of the English Language*, 1828 の DICTIONARY の項目には、A book containing the words of a language arranged in alphabetical order, with explanations of their meanings; lexicon とある。上田の辞書の定義とよく似ているが、「一国の」という点を上田が強調していることにも注意したい。もちろん、参照したこと自体が重要なことではなく、従来ある、字典・字引といったものとは異なる概念、つまりは DICTIONARY の訳語としての「辞書」という概念を導入しようとしていた点が重要である。

また、言語学者・藤岡勝二（一八七二年～一九三五年）は、一八九六年の論文を「欧羅巴にて使用し来れるDictionaryといふ語は、近世羅甸《ラテン》語のDictionariumの語尾を変じたるものにして」とはじめ、一三世紀ごろにその初出があることを指摘するなど、dictionaryのもつ意味を説明したあとで、「明治に至りて漸く辞書の名称を蒙りて世に出でたるものあるのみにして旧来一般に通用せる称号なるものなし」と、明治になってから「辞書」ということばが出てきたことを記す。しかし、字引と辞書がきちんとした区別がなく使用されている状態だと藤岡はいう。こうした状況は先に確認した『和英英和語林集成』の訳語からもわかる。そして藤岡は、字引と混同されることは「これ大にDictionaryと称するものと趣を異にす」と断じる。ただし、藤岡は節用集などの「字引」も広義の辞書と認定し、「普通語辞書（辞書）」をDictionaryに相当するものだとし、その定義を「一国の言語を悉く蒐集し其形体音義に付て充分明晰に而も簡易に説明せしものの」としていく（「辞書編纂法並に日本辞書の沿革」一八九六年一月、一五、一八―二一頁）。

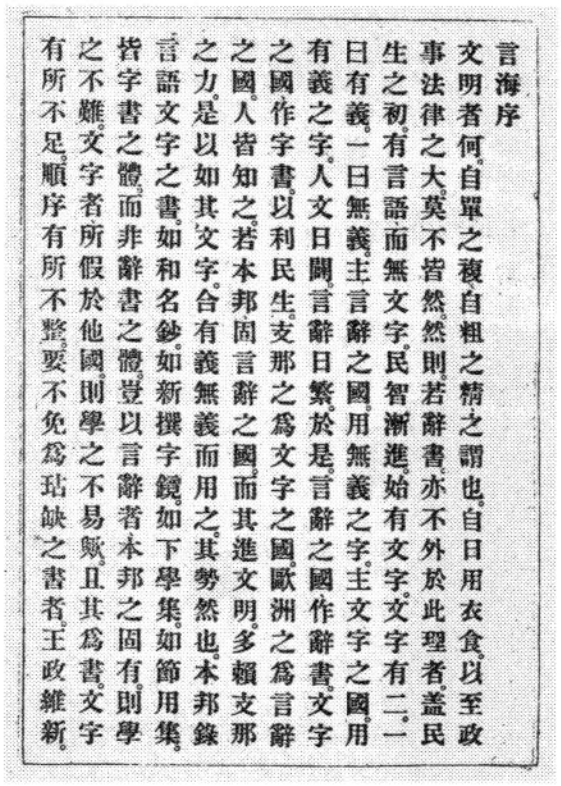
言海序
文明者何。自單之複。自粗之精之謂也。自日用衣食。以至政事法律之大。莫不皆然。然則若辭書。亦不外於此理者。蓋民生之初。有言語而無文字。民智漸進。始有文字。文字有二。一曰有義。一曰無義。主言辭之國。用無義之字。主文字之國。用有義之字。人文日闢。言辭日繁。於是言辭之國作辭書。文字之國作字書。以利民生。支那之爲文字之國。歐洲之爲言辭之國。人皆知之。若本邦固言辭之國。而其進文明。多頼支那之力。是以如其文字。合有義無義而用之。其勢然也。本邦錄言語文字之書。如和名鈔。如新撰字鏡。如下學集。如節用集。皆字書之體。而非辭書之體。豈以言辭者本邦之固有。則學之不難。文字者所假於他國。則學之不易歟。且其爲書。文字有所不足。順序有所不整。要不免爲玷缺之書者。王政維新。

図1　『言海』序（部分）縮刷版２版、1904年

「一国の言語」を「網羅」あるいは「悉く」あつめて分析・説明したものが近代的な辞書ということになる。

ここで、西村茂樹が『言海』に寄せた序文（漢文）をみてみると、西村も「辞書」に、若干のぶれはあるものの「字書」（字引）とは異なった意味を付与していたことがわかる（図1）。武藤康史による読みくだしが復刻版の『言海』に付されているので、そちらから引用すると、まず、「文明とは何ぞ。単より複に之《いた》り、粗より精

に之《いた》るの謂ひなり」とはじめる。大槻の『言海』が文明を体現するという話にいたる予感がするのだが、つづけて文字を「無義」と「有義」とにわける。これはおそらく前者が表音文字、後者が表意文字を指すものと思われる。そして「言辞を主とする国」が「無義の字を用う」、そして「文字を主とする国」が「有義の字を用う」とし、「言辞の国、辞書を作し、文字の国、字書を作し、以て民生に利す」とする。「支那の文字の国たり、欧洲の言辞の国たるは、人皆之を知る」わけであるが、「本邦のごときは、固《もとよ》り言辞の国なり」。しかし日本は中国からの影響がつよいので、文字は「有義無義を合せて之を用うる」、要するに漢字とかなを使っているということを述べる。それなのに、日本で「言語文字を録するの書」は、「皆字書の体《てい》にして、辞書の体《てい》にあらず」としている。字書・字引が主流であった点はすでに指摘したところであるが、それとは異なるものとして、『言海』を西村はとらえる。つまり、『言海』は「辞書の体にして字書の体に非ず」というわけである。そして、「文化の高卑を知らんと欲すれば、其の国の辞書に見ん」と述べる。このあたりは、上田と同様であろう。さらに「東洋の辞書」はまだまだ不十分であるが、『言海』が「蓋《けだ》し西国の辞書を追逐する第一歩ならん」とうたいあげていく。辞書と字書のちがいを示すとともに、「文明国標準としての辞書」の志向がここにもあることを、確認しておきたい。

『言海』とはなにか

さて、I章にひきつづき、『明治時代史大辞典　第一巻』の「言海」(田鍋桂子筆)を引用する。

げんかい　言海　大槻文彦編の国語辞典。初版は四分冊で、第一冊は明治二十二年（一八八九）五月、第二冊は同年十月、第三冊は二十三年（一八九〇）五月、第四冊は二十四年（一八九一）四月刊行。初版書名は表紙、背表紙に「(日本辞書）言海」、奥付検印紙に「ことばのうみ」。のちに一冊。辞書の理念、方法を述べた「本書編纂ノ大意」、のちの『広日本文典』の摘録である「語法指南」、見出し語統計表の「言海採集語」、出版経緯を綴った「ことばのうみのおくがき」を付す。明治八年（一八七五）二月、日本辞書編纂の命を受け、文部省の大槻文彦（はじめは榊原芳野《さかきばらよしの》〔国学者、一八三二年～一八八一年〕も）が編纂を開始。十年（一八七七）四月ごろ初稿成、十四年（一八八二）二月再訂了、十七年（一八八四）十二月草稿完成。十九年（一八八六）三月浄書終了。しかし刊行にならず、二十一年（一八八八）十月自費刊行の条件で原稿が下げ渡され出版に至る。排列は五十音順。古今雅俗の普通語を集めたとする見出し語は約三万九千語。複合語の区分と一部に表音のフリカナを付す。文法情報、位相、語源、用例を示し、漢字表記は日本固有の用法を区別。文で書かれた語釈は堂々巡りや同語反覆がほとんどなく、多義語は語義ごとに番号で分かつ。その他見出し語の語種によって用いる活字を変えるなど、文字、記号、活字の細かな使い分け、凡例の整備されていることなど、同時代の国語辞典の中できわめて完成度が高く、辞書編纂の理念と方法を自覚的に実践したものとして、近代国語辞書の礎を築いた。当初オクタボ〔八つ折版〕と称されるウエブスターの簡約版英語辞典から収録語の範囲、語釈の詳細を参考に編纂することとなったが、日本語と相違する場合も多く、それらは和漢洋八百を超える書物を参考にしたという。近世の日本語辞書、和英辞書などの影響も指摘されている。大槻は増補版の編纂途中に没したが、大槻如電監督、関根正直・新村出指導のもと、『言海』で写字校正を担当した大久保初男を中心に作業が進められ、『大言海』（昭和七―十二年〔一九三二―一九三七〕、冨山房）として刊行された。〔参考文献略〕

必要にして十分な情報がもりこまれているので、これまたこれで十分な気もするのであるが、補足をしていきたい。『言海』の書名は、同書末尾に『続古今集』（一二六五年）の「敷島ややまと言葉の海にして拾ひし玉はみがかれにけり」が掲載されており、「言葉の海」に傍点が付されているので、ここからとったのだ、ということが示されている。

『言海』の目次は以下のとおりである。

索引／言海序（西村茂樹、漢文）／本書編纂ノ大意／語法指南（日本文典摘録）／凡例／索引指南／略語ノ解／種種ノ標／言海／言海採収語　類別表／ことばのうみ　の　おくがき／言海正誤表／言海奥付

先の引用中、『言海』の語釈に「語源」「用例」が示されているとあるが、実際に現物をめくってみるとそう多くはない。それでも画期的なことであった。

目次にある「本書編纂ノ大意」の（九）には引用参考典籍は「和漢洋八百余部、三千余巻」にわたることが記されているが「一一出所ヲ挙ゲザル」旨、明記されており、（八）でも、分量がふえるの

で「出典ニ至リテハ、浄書ノ際、姑《しばら》ク除ケリ」としている。「語源」と「用例」（厳密にいえば「用例」と「出典」は同義ではないが、出典のない用例は、でっちあげの誹りを免れない）をもりこむのは、増訂した『大言海』においてである。

また、「同語反復がほとんどない」というが、語釈が一語あるいは二語でなされているものも多く、「とうしん（投身）ミナゲ」などといった例を今野真二はあげている（『言海』と明治の日本語』三四頁）。

ウェブスター英語辞書を参考にしたことについては、「本書編纂ノ大意」（八）にも、「今、此篇ハ、簡約ヲ旨トシテ、凡ソ収メシ所ノ言語ノ区域、及ビ解釈等ノ詳略ハ、大約、米国ノ碩学ヱブスター氏ノ英語辞書中ノ「オクタボ」ト称スル簡略体ノモノニ倣ヘリ」としてはいるが、『言海』の収録語彙のなかでウェブスターから流用したものが非常に少ないことは、すでに指摘がある（永嶋大典『ウェブスター』と『言海』一九六六年三月）。したがって、語彙よりも、その語釈の仕方を多く学んだといってよいだろう（ほかにも、早川勇『辞書編纂のダイナミズム』二〇〇一年、早川勇『ウェブスター辞書と明治の知識人』二〇〇七年などを参照）。

近代的普通語辞書

また、引用文中に『言海』は「近代国語辞書の礎を築いた」とある。これも一般に認められている。国語学者・犬飼守薫は、『言海』および『大言海』の成立を論じた書物のなかで、「近代的普通語辞書（近代国語辞書）には、次の要件が備わっていなければならない」として以下の四要件をかかげている。

1普通語辞書に相応する見出し項目の選定
2合理的な基準の下での見出し項目の排列
3見出し項目下での一定の方針による以下の情報の記載
a発音、アクセント　b語種　c品詞・文法　d表記（仮名遣い、送り仮名、漢字、原字綴り）e語構成　f語原、語史　g意味　h類義・対義関係　i位相　j出典、用例　k成句　l派生語形、対応語形　m挿絵
4明確な辞書編纂法の記述が示されている前付（序説）及び後付と辞書の使用の手引きの提示

そのうえで、この四要件を具現化したのが、『言海』であり、「近代国語辞書の歴史は『言海』によって始まると言える」と宣言している（『近代国語辞書編纂史の基礎的研究』一九九九年、三頁）。

以下にみていくように、『言海』のスタイルから逆に規定した感がないわけでもない。たとえば、「本書編纂ノ大意」（二）では、辞書にとりあげることばに、以下の五項目の解説がなければならない、としている。「発音／語別（品詞）／語源／語釈／出典」。詳しくみていけば、右の項目3のうちアクセントなどいくつかを『言海』では欠く程度であることがわかる。

しかしこれだけでは、近代という時代において編纂された辞書の形式を述べただけである。こうした形式を、ウェブスターやオックスフォードの辞書の形式にあわせたものだと考えるのであれば、欧

米の文明を真似ることが近代だ、というたんなる文明開化の話でしかない。こうした形式そのものに近代性があるのかないのかという検討も可能であるが、はたして有意義な議論になるだろうか。

国語学者・荒尾禎秀は、「辞書観や、辞書に期待するものは時代により異なり、その期待に対して用意される辞書の姿は区々である」から、近世において『言海』のような体裁がないことは、「彼らにとっての辞書はそれを必要としなかった」からではないかという視点を提示している。そうした点から、『言海』を「所収語に於て、包括化、純化、汎時代化」という「時代の要請」にこたえたものとしている（荒尾禎秀「辞書史の面からみた現代の国語辞書」一九八三年六月、四二、四四頁）。「辞書」ということばにあらたな意味をもたせようとした、という先の議論とあわせて、「時代の要請」とくくることはできるだろう。

要するに、「時代の要請」とは、I章で引用したように、時枝誠記が『国語学史』で、明治になってからの国語研究の大きな変化として「国語が国家的社会的の一重要問題として取扱はれるに至つたこと」をあげていることに尽きるのかもしれない。また、I章でもふれた上田万年が「国語と国家と」で述べたような、国民統合の用具としての役割が求められていったことを指摘すればよいのかもしれない。

犬飼からの引用の1にあるように、ある言語の範囲を定め、3にあるように語の詳細を、語史をふくめて記していくことは、その言語の体系化や標準化にとって不可欠であり、そうした言語をつくっていくことが近代（あるいは近代国民国家形成）にとって必要である、という議論の仕方はできる、ということである。具体的には近代国民国家の諸制度を担いうるものであり、国民にひとしく話させるためのものであり、国民ひとりひとりを把握し、国民意識をもたせて統合するために不可欠であるという意味づけをされる言語である。それが近代である、といってしまえば、「近代は近代である」という同語反復にしかならない。

もう少しいうと、意地悪くなってしまうが、ことばにさまざまな情報をつけくわえて、ことば自体と、ことばをつかう人びととを、がんじがらめにしていくことともいえるだろう。この情報選択およびつけくわえ方は、あくまでもある観点からなされるものであるので、その観点から外されるものがあることは、念頭におかねばならない。こうした情報が不要であった時代もあったし、不要な人びともいたわけなのであるが、そうした情報を整えることが近代であった、ということになる。

そうした大きな、かつ結論のみえる議論をする前に、こうした形式によって編纂することがどのような意味をもったのか、ということを考えていく必要がある。そしてまた、I章でみたように、大槻文彦自身、幕末維新期の激動の時代を仙台藩士として生き抜いた、近代を身をもって体験した人物であることも、ふまえておかねばなるまい。

序でもふれた、『言海』刊行記念祝宴における伯爵伊藤博文の祝辞のなかにもこういう部分がある。

> 今大槻君が十余年の辛苦に成れる「言海」を繙閲するに先つ欧洲の文法に則りて我文典を画定し因て以て根拠となす仮令専科の言語を彙集せさるも日常吾人の用ゐるものは其の新字訳語に論なく粗々之を収めて遺漏なからしめ其の数無量四万に垂《なんなん》とす近古雅俗及外国語梵語をも網羅し仮字訓解并に精確にして索引其の方を殫《つく》し悉く施すに名動形副等の品字を以てせり其の乱麻を断ち

迷雲を排せるの偉功に至りては豈余の贅するを須《もち》ゐんや（「伊藤伯の祝詞」『日本』七五一号、一八九一年六月二五日）

文法を確定し、専門用語はないが、われわれが日常使用する語はあらあら収めて約四万語（「言海採録語」には三九一〇三語とある）。日常使用する語であれば「近古雅俗外国語梵語」も入り、読みに語釈そして、品詞を記してある、と『言海』の特徴を簡潔に指摘している「われわれが日常使用することば」をあつめたという観点に注意したい。拡大していく「われわれのことば」という意識は、近代になって登場してくることと無縁ではないだろう。

そしてまた文法を記した文典の必要性を以下のように対外意識とともに伊藤は語っている。

邦人若欧文を学はんと欲せは則ち先つ文典に通し漸漸歳月を積み其の識得する所の語辞を増すに随ひて言文を巧にし遂に普通より進て専門に入るも未た難事とせす然るに外人の邦語を学ふに当りてや定準とすへき文典の具備するなきを以て汎く書を読むの階梯なく〔……〕外人の日本に文典なしと唱ふる者あるは其の妄や弁するを待たすと雖とも畢竟彼をして此の嘆声を発せしむるものは抑ゝ邦人の罪にして我文学上の一大欠典に非すや（同前）

外国人が日本語を学ぼうとしても適当な教材がなく、日本語に文法はないのだ、といわれても反論できない状況があり、これは日本の学問の欠陥だ、しかしこうした状態が『言海』と「語法指南」に

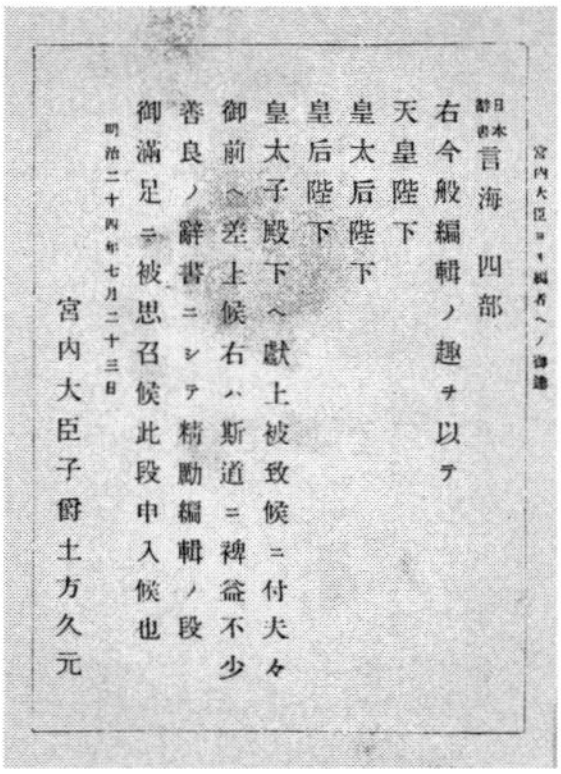
宮内大臣ヨリ編者ヘノ御達

日本辭書 言海 四部
右今般編輯ノ趣ヲ以テ
天皇陛下
皇太后陛下
皇后陛下
皇太子殿下ヘ獻上被致候ニ付夫々
御前ヘ差上候右ハ斯道ニ裨益不少
善良ノ辭書ニシテ精勵編輯ノ段
御滿足ニ被思召候此段申入候也
明治二十四年七月二十三日
宮内大臣子爵土方久元

図２　「宮内大臣ヨリ編者ヘノ御達」『言海』縮刷版２版、1904年

よって改善されると伊藤はいうのである。

「自伝」によれば、大槻は一八九一年四月の刊行完了後に『言海』四部を皇室（天皇、皇太后、皇后、皇太子）に献上したところ、すぐ七月に「斯道ニ裨益不少善良ノ辞書」と「御満足」であった旨の宮内大臣・土方久元（一八三三年～一九一三年）のことばをもらったという（土方は『言海』祝宴に出席していた。これは一八九一年一二月の『言海』再版から「宮内大臣ヨリ編者ヘノ御達」として巻頭に掲げられている（図2）。献上品についてこのような「御沙汰」があるのは異例とのことで、これは「其筋で御評議があつたところ」、伊藤博文が「後進の奨励になりませうからと云はれて加へられたことと漏れ承つたことがあります」としている（「自伝」二三四頁）。伊藤がこの辞書を気にかけていたことがわかる。

『言海』が、その中身以外のところで、ナショナリズムを支える道具としてとらえられていった、ということはできるかもしれない。

「普通語」とはなにか

さて、先にあげた『言海』目次のなかの「言海」が、書物でいうところの「本文」に相当するわけであるが、そこにいたるまでの項目のなかから大槻の辞書観を読みとってみたい。

まず、「本書編纂ノ大意」は全部で一一項目ある。その（一）は、「此書ハ、日本普通語ノ辞書ナリ」ではじまる。「普通語」ということば自体は『言海』に収録されていないが、「普通」は「アマネクカヨフコト。ヨノツネ」という語釈になっている。

「普通語」とはなにか。同じ（一）に、「其国普通ノ単語、若クハ熟語」であり、「地名人名等ノ固有名称、或ハ高尚ナル学術専門ノ語」は収めなかったとあるので、固有名詞、専門用語以外のものを指していると考えてよい。しかし、固有名詞、専門用語を除いたとしても、何をもって「普通」とするのか、「アマネクカヨフ」とはどうやって判断するのか、という点にふれてはいない。

しかし、「凡例」の（一）にはこうある。

（一）此篇ニハ、古言、今言、雅言、俗言、方言、訛音、其他、漢語ヲ初トシテ、諸外国語モ、入リテ通用語トナレルハ、皆収メタリ、然レトモ、甚シキ古言ハ、漏ラセルモアリ、且、漢語ハ、普通和文ニ上ルモノヲ限リトセリ、方言ハ、大抵、東西両京ノモノヲ取リテ、諸国辺土ノモノハ、漏ラセルモノ多シ

これが示される基準である。「方言」などは線引きが明確である。「辺土」とは『言海』では「カタヰナカ。辺鄙」とある。ちなみに「辺鄙」を引くと「カタヰナカ。辺土」とあり、さらに「片田舎」は「都ヨリ程遠キ田舎。偏鄙《ヘンピ》。僻郷」とある。堂々めぐりをしている。

見出し語につける「種種ノ標」にも「⏜」の印は「古キ語、或ハ多ク用ヰヌ語又ハ其注ノ標」、「++」

の印は「訛語《ナマリ》、或ハ、俚《サトビ》語《コトバ》又ハ其注ノ標」という形で区分の印を出しているが、これらもふくめて「普通語」ととらえていることになる。普通語の辞書なのだから。

あまり適当な事例ではないが、「仏語より出でたる俗語」（一九一八年四月）は大槻文彦の講演録であるが、もともとの演題は「仏教語より出でたる普通国語」というものであった。文中で大槻は「普通の国語」と一貫して用いている。「坊主」「人間」「浮世」「畜生」「餓鬼」「鬼」などの語源について語っているのだが、それが「普通の国語」であり、それがタイトルにあるように「俗語」とくくられても、とくには問題がなかったのであろう（雑誌掲載時のタイトルがどうであろうと関係がないといえばそれまでである）。

この「普通語」の問題については、今野真二『「言海」を読む』の二章から四章までが、『言海』の具体的な語釈の解析となっているが、この「普通語」のなかの「古言」は江戸時代の『雅言集覧』（石川雅望著、一八二六年〜一八四九年刊行）におさめられたものもあることを指摘、それが室町時代の用例もある場合もあり、『言海』のいう「普通語」の射程が「方言」もふくめて「バランスのとれた「ひろがり」」をもっていることを示している（七二頁）。今野は『言海』と同時代の文献の用例などを検討して、結論として、刊行時の「普通語」を見出し語としていることは認めてよい、ただしその「普通語」を明治の日本語のなかでどう位置づけるかは今後の検討にまちたい、とする（一八三頁）。要するに「普通語」は当時普通に使われていたのである、という妥当な論である。

どういうことばを採用するのか、ということは辞書を編纂したことがなくても大変難しい問題であることはわかる。先の、上田万年「日本大辞書編纂に就て」（一八八九年二月）では、ジェームス・マレー（Jamus Murray 一八三七年〜一九一五年）が初代編集主幹をつとめた *A New English Dictionary on Historical Principles*（のちオックスフォード英語辞典（OED）、第一版は一八八四年に刊行が開始され、一九二八年に完結）の序文にあたる General Explanation に掲げられた「語の類別の表」を掲げる。そこには、「普通 Common」を中心にして放射線状に「技術的 Technical」「科学的 Scientific」「文章上 Literary」「外国的 Foreign」「方語的 Dialectic」「通俗的 Colloquial」、この下に「卑下語 Slang」が記されている（図3参照。「方語的」はこれが『国語のため』（一八九五年）に収められたときには「方言的語」（英語は略されている）となる）。そのうえで、上田は「今辞書には如何なる点まで、右の種々の語を挿入すべきか、これ実に内外学者の深く考へ憂ふる所なり」とする（六四頁）。上田の紹介する「普通」と、『言海』で「普通語」とする「普通」と若干の差異があるわけであるが、上田は具体的な線引きの仕方を示すわけではなく、「政治、法律、農、工、商、文学、技術、日用用具、等」の語を収集すべき旨を示すのみで、以下のように述べる。

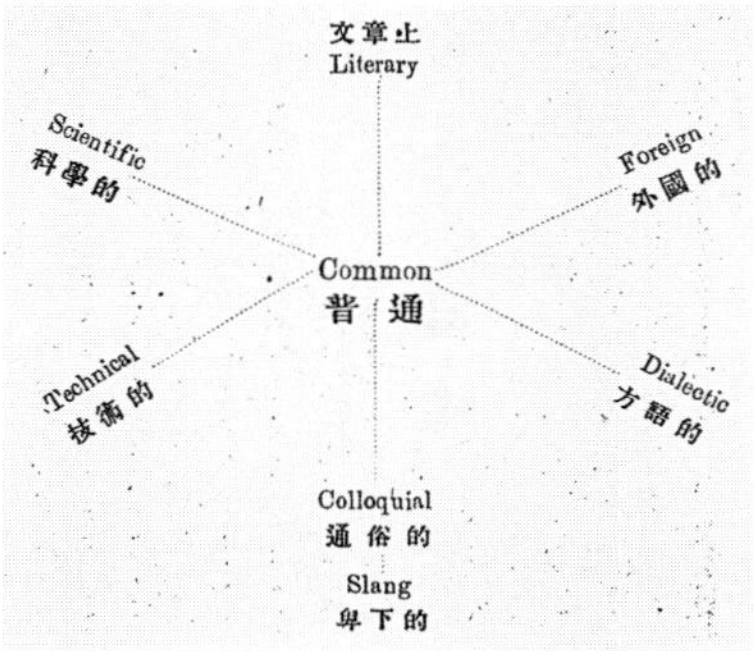

図3　上田万年「日本大辞書編纂に就て」1889年2月、63頁

なにほど語数ありとても、物語本のみの語にて、他の語なければ、一国の大辞書とは云はれまじ、況んや悪しき、語数の少き辞書なるをや、又如何に多く語を網羅したりとて、その語の沿革、よみかた、つゞりかた等不明なれは、その不便その弊、決して少からざるべし、又如何に語数あり、

語の性質判然たるにもせよ、紙面の体裁、活版の性質、校合の不都合なるときは、その辞書は少しも価値あらざるなり（同前、六六頁）

「一国の大辞書」を希求しているわけであるが、序で指摘したように、『言海』第一分冊刊行の直前に上田はこれを発表している。上田の『言海』への高い評価が示すように、「一国の大辞書」の基準にかなったものと考えていたといえる。

上田の論にも出てくるのが「普通」ということばである。common の訳語として登場しているのだが、先のヘボンの辞書に「普通」（FUTSŪ）が登場するのは、第三版（一八八六年）である。Common; general; universal があてられているが、逆に英和の部をみると、common, general の訳語に「普通」はあてられていない。通例の、常の、平生の、普段の、一般の、おおかたの、といったことばがローマ字で記されている。ただ、universal は、あまねく、一般の、にくわえて第三版から、普通の、ということばがくわわる。大槻の文章にも、一八八四年の「外来語原考」（一八八四年二月、一二三頁）に「今日普通ニ用キル言語」という形ででてくるので、一八八〇年前後からひろく使われていることばと考えられる。『日本国語大辞典』第二版をみると、「通常の」という意味では古く『江談抄』（一一一一年）に用例があるそうだが、「普く通じる」という例は、西周（一八二九年～一八九七年）の『百学連環』（一八七〇年～一八七一年ごろ）に common の訳語として登場しているものがあげられている。

その点では『言海』の語釈が先ほどみたように「アマネクカヨフコト。ヨノツネ」となっているのは、大きな問題はない。そのようなことば、「普通語」を採録したのが『言海』だというのであるが、たとえば「方言」は明確に「東西両京ノモノ」をとる、と宣言している。それ以外は「アマネクカヨフ」ものではないという大槻の判断（一般的に首肯されるのだろうが）がはたらいているということである。ただ、一九一五年に以下のような回想をおこなっている。

> 私が言海を作ります時、初めは、雅俗の語を、何でも構はず、集めましたから、鄙語の研究もしました、扨《さて》、いよ〱言海を出板するといふ時に、其中の極々《ごくごく》の賤しい語は省きましたが、其後も絶えず研究して居ります、鄙語は、普通語の辞書には、入れられませぬ、〔……〕鄙語（Slang）は、別に、其辞書があるべきです（「若干語の語原」一九一五年二月、二九頁）

こうしたうえで、「東京の鄙語」の語源をいくつか紹介していくのだが、そのなかには『言海』に採録されている語（「ちよぼ」＝「芝居で義太夫の浄瑠璃を語るをいひます」、「はねる」＝「芝居の演伎の終つて、見物人の退散となるをいひます」など）も、ふくまれている。ちなみに「ちよぼ」には「訛語、俚言」の印（‡）が付されている。なにか小さくて細かいことをいっているようであるが、一九一五年時点で「鄙語」としているものを、『言海』執筆時には「普通語」に入れていることになる。かように「普通語」とされることばの基準はさほど明確ではなく、大槻が恣意的に（いい方が悪ければ、主観的に）決めたものともいいうるのである。限られた紙幅であるから「極々の賤しい語」が省かれるのは仕方がないだろう。しかし、それをどう決めるのか、ということであり、ひとたび掲載されれば（あるいは、されなければ）、それが「普通語」（あるいは、「普通語」ではない）という位置づけをあたえられてしまう、ということなのである。辞書に載っているというだけで、あることばがことば以外の意味をもたされるようになるのである。

「普通」という暴力——青田節『方言改良論』から

では、「普通」ではないとされたことばはどうなるのだろうか。

青田節《みさお》という人物がいた（一八六一年〜一九三〇年）。青田は兵庫県播磨神崎郡出身で、一八八七年一〇月に福島県信夫郡瀬上町（現・福島市）の旅館で記したとする「緒言」をもつ『方言改良論』（一八八八年）を著した人物として知られる。方言学者・東条操（一八八四年〜一九六六年）は青田を「兵庫県人で福島で小学教育に従事した人」（『方言と方言学』一九三八年、一五四頁）と紹介している。ただ、関係者によれば、青田は郷里で一八八四年まで小学教育に従事し、一八八五年から一八八九年まで東京に遊学、その間自由民権運動に関わり遊説で各地をまわり、帰郷後は一九二一年まで三二年間私塾の青田塾を開いていたという（太田陸郎「方言改良論の著者」一九三三年三月）ので、「福島で小学教育に従事」という点は訂正が必要である。

さて、この『方言改良論』の「緒言」では、方言ばかりでなく、たとえ、古語、雅語などの「正当ナル大和語」であっても、「日常ノ交際談話上ニ不便ナルモノ」は用いたくないとし、「方言改良ト云フハ全国普通ノ言語ニアラザル者ハ尽《ことごと》ク之ヲ改良スルノ意ナリ」という。この書では、「普通」を、「通例」などの意味ではなく、「言語ガ普ネク通ズルノ意味」で用いる、と宣言をしている。

『方言改良論』は、『言海』刊行開始の前年に出版されている。くりかえすが、「普通」といった場合に、だれがどう判断するのかという問題は常につきまとう。「普通」とはなにか。「普く通じる」とはどういう状態のことか。「普通」であることとそうでないことのあいだに力関係が生じることはないのか。

青田の場合は「普通」でなければ「改良」の対象だ、と宣言している。「普通」でないことに価値を置かない、ということである。より明快に「言語ハ普及区域ノ広キヲ最上トス」とし、したがって「日本全国到ル処ニ是ノ如キ方言僻語ノ跡ヲ絶タンコト希望ニ堪ヘザル也」と普及をはばむ「方言僻語」の撲滅を堂々と主張するのであった（同前、六、七頁）。すでに青田は『内地雑居之準備』（一八八六年）で社会進化論的立場から日本社会の旧弊打破を唱えていたので、「方言」も旧弊だとすれば、社会進化論的に威勢よくその撲滅を主張できたわけである（しかしその後、外国人の日本国内の自由な往来、居住、経済活動が認められる内地雑居が一八九九年に迫ってくると、青田は一転「西洋の物質的開化」によって日本の「精神的の文化」が廃れていくことを嘆くようになる（『雑居対策御国の美風』一八九八年））。

大槻が「優勝劣敗」であるとか「適者生存」などという社会進化論に親和的なことばを積極的に用いていたことはなく、「普通語」といった場合に、そこに積極的になにか価値を置こうとしていたと断言はできない。ただ、Ⅱ章の「万国言語の共進会」でみたような直線的な発展論を否定していたわけではない。そう構えた見方をしなくても、「普く通じる」ことが価値をもつ——いいかえれば、通じることはよいことだ——と大槻が考えていなかったとはいえないだろう。

「普通の言語」という表現は、教育法令においても、たとえば一八九〇年の小学校令改正にともない作成された一八九一年の小学校教則大綱の第三条に以下のようにあらわれる。

読書及作文ハ普通ノ言語並日常須知ノ文字、文句、文章ノ読ミ方、綴リ方及意義ヲ知ラシメ、適当ナル言語及字句ヲ用ヒテ正確ニ思想ヲ表彰スルノ能ヲ養ヒ、兼ネテ智徳ヲ啓発スルヲ以テ要旨トス（傍点引用者）

その後、一九〇〇年の小学校令改正により、それまでの読書科・作文科・習字科を総合して国語科が設置されたのだが、それにともなう小学校令施行規則の第三条に以下のようにひきつがれていく。

国語ハ普通ノ言語、日常須知ノ文字及文章ヲ知ラシメ正確ニ思想ヲ表彰スルノ能ヲ養ヒ兼テ智徳ヲ啓発スルヲ以テ要旨トス

大槻のいう「普通語」と国語科で想定する「普通ノ言語」が一致するというわけではない。しかしながら、国語科で教えられるべきものという含意と青田のいうような排除の力学とが、どうしてもつきまとってくるのである。

Ⅲ章でみるが、「普通語」を搭載した『言海』が、宣伝広告ではあるものの、「学者教育者はいふまでもなく、医士も、法律家も、商店にも、農家にも、必要欠くべからざる宝典」と「宝典」などという用語で表現されていく（『東京朝日新聞』一九〇五年一月一二日）。「普通語」とは「宝典」に掲載されていることば、ということになる。こうした外部からの評判とともに「普通語」にあたえられる価

値も大きなものになっていかざるをえなかったのではないだろうか。

日本辞書とは——日本語を日本語で説明すること

とりあえず、「普通語」をある基準のもとであつめたとしよう。それをどう説明するのか、が次の問題である。

「本書編纂ノ大意」の(三)に「日本辞書」の説明がある。いわく、「日本語ヲ以テ、日本語ヲ釈キタルモノ」。当然ではないか、と思うだろうが、大槻はこれまでの日本の辞書は「漢字ニ和訓ヲ付シ、或ハ和語ニ漢字ヲ当テタルモノ」であり、語の排列、索引の方法も漢字の偏や旁、画数引きにしたがい、いろは順に、また部門類別になっていたりする、と指摘する。また特定の分野、たとえば枕詞、方言、語源に偏った辞書があり、発音や語の種類を記し漏らし、固有名詞を普通語に混ぜたり、「通俗語ノ採輯ヲ闕略セリ」などということをふまえ、『言海』では「諸先哲」の諸著作の「長短得失ヲ取捨折衷」して、辞書としての体裁をととのえた、と述べている。

見出し語の選択、語釈にしても、近世辞書の『和訓栞』『雅言集覧』『和漢三才図会』『本草綱目啓蒙』『物類称呼』などをふんだんに参照していることも、すでに指摘されているところである(湯浅茂雄「『言海』と近世辞書」一九九七年三月)。

文部省で辞書編纂の命をうけたのは、先の『明治時代史大辞典』からの引用にもあるように、大槻と国学者の榊原芳野であった。榊原は大槻より一五歳年長で、もとは大槻の兄・如電と面識があった。『洋々社談』にも寄稿するなど、文部省の外でも大槻たちと関係があった。大槻と辞書を編纂した時間は長くはなかったが、大槻文彦の述懐によれば、「国学は師について学んだことがない」大槻にとって「文部省で机を並べた榊原芳野に益を享けた」のだという。近世辞書や文献に関する知識は榊原経由のものも多いということであろう（桑原伸介「榊原芳野のこと」一九七七年、八九頁）。榊原が一八八一年、五〇歳で病没すると、妻は行方知れずで子どものいなかった榊原のために、大槻兄弟が蔵書の整理寄贈をし、如電は「榊原芳野君墓銘」を撰している（高木まさき「榊原芳野伝覚書き」一九九四年）。

先の荒尾は「『言海』は、辞書とは何かを具体的に示し、過去の辞書の姿に反省を加えた上で日本の国語辞書のあるべき姿を明示し、最もよくそれを実践してみせた偉大な辞書であった」としている（「辞書史の面からみた現代の国語辞書」四六頁）。「過去の辞書の姿」をしっかりとふまえている、ということである。

近世からの連続として近代がある、という側面は無視してはいけないので、「普通語」にも当然こうした語彙が流れこんでいることは明らかであろう。

そうしたことをふまえても、「普通語」を「日本語」で解釈することは、大層なことである。日下部重太郎（一八七六年〜一九三八年）が一八九九年に大槻宅で話をきいている。日下部は、東京高等師範学校で教鞭をとっていたローマ字論者で、漢字漸減の立場にたっていた。明治以降の国語問題史である『現代国語思潮（正続）』（一九三三年）、『国語百談』（一九一五年）などの著書がある。この『国語百談』に「言海」という項目があり、大槻が語ったところによると、「その編纂に最も苦心した事の一つをいへば、前の人が幾多の解説をして置いてくれた古語や難語の方は容易く説明ができたが、日々誰も用ゐてゐる普通の言葉の方が、却つて解説に困難であつた」という。「普通の言葉」の解説の困難な例として、「うつ」の語釈をあげる。その少しのちがいでも辞書としてこれを区別しておかねばならない、と格闘し「精神の極めてさはやかな時を択んでしとげた」ことをあげている。実際に『言海』で「うつ」を引くと「強ク当ツ」「打チテ鳴ラス」「殺ス」「鍛ヘ作ル」など二二項目に分類しているが、「これらのウツの区別が分明でないとて言海を見てくれた人は、恐らく幾人も有るまい」としている。たしかに、ごくあたりまえに使っている「普通語」のうちの基礎語とでもいうべき語をわざわざ辞書で確認することはほとんどない。だからといって基礎語を省いたら「普通語」の辞書とはいえない。そうした隠れた苦労は出版に至るまでつづき、「喫飯と入浴と睡眠の外は殆ど訂正のために筆をとり、予約出版であったので値段を安くするために「折角編纂して置いた一万余言を削除し、又すでに出来てゐた数多の挿画までも省いてしまつた。その時は実に骨身を削る思ひがした」という。語釈、そして語の選択の困難さを簡潔に述べているのだが、最後に「その後に他の日本辞書も出たが、自分のと誤りの箇所が同じい事を見る時には、思はず冷汗が出る」と語ったそうである（『国語百談』一九一五年、八七―八八頁）。これは正誤の問題というよりも、辞書の記述が何の検証もなく（おそらく大槻自身も古語や雅語の語釈で同じような轍を踏んだかもしれないのだが）引き写されていくという問題としてみるべきことがらであろうが、出版に際しての削除の記述としても貴重である。すでにふれたように、「本書編纂ノ大意」の（九）で清書の際に出典表示を削除したことが記されているが、宮城県図書館に寄贈された大槻の自筆稿本からは出版に際しての削除や校正のあとを知ることができる。これは、『稿本　日本辞書言海』として複製が出版（一九七九年～一九八〇年）されている。

また、『大言海』にむけて増訂中の一九一九年にあらわされたものであるが、そこでは、以下のようなことが語られている。

> 最近の物の注釈には困却すること尚多し、たとへば、飛行機の如き、骨折りて調べて、其構造など記すに、半年過ぎぬに、其製造、全く変ず、かくては、二三年も経なば、辞書の解は誤となりて、却て人を惑はすこととなるべし、其外、郵便規則の如き、頻繁に改正せられ、酒醬油の醸造の如き、日々新製法起る、されば、此の如きものは、漠然と記し置くこととせむとす、飛行機は、人の乗りて空中を飛行する機械、とや《ママ》うにして、其専門の書に譲るべし、目前の物事は、現在、其道の人に聞かば知られむ、辞書は、古き書を読み、不審なる語にあへる時、引きて見るといふこと多ければ、余は、古き語に力を致すべし、新しきには、作者、自ら其人あるべし。（大槻文彦「辞書編纂の苦心談（つゞき）」一九一九年一二月、一三―一四頁）

「普通語」（飛行機だって郵便制度だって、あまねく通じる用語である）を網羅することの困難さを述べているといってよいだろう。これをみると、『言海』の増訂のなかで大槻が語源にこだわっていったのも、こうしたあたらしく登場する「普通語」に対処しきれなくなったことと無関係ではないのかもしれない。

外来語・和語・漢語およびその表記

Ⅰ章でも述べたが、語源をさぐることは、何が外来語、つまり「純粋な国語ではないか」を定めることでもある。しかし、何が外来語であるかを定めることは、「普通語」の場合と同じくある種の恣意性から逃れることはむずかしい。

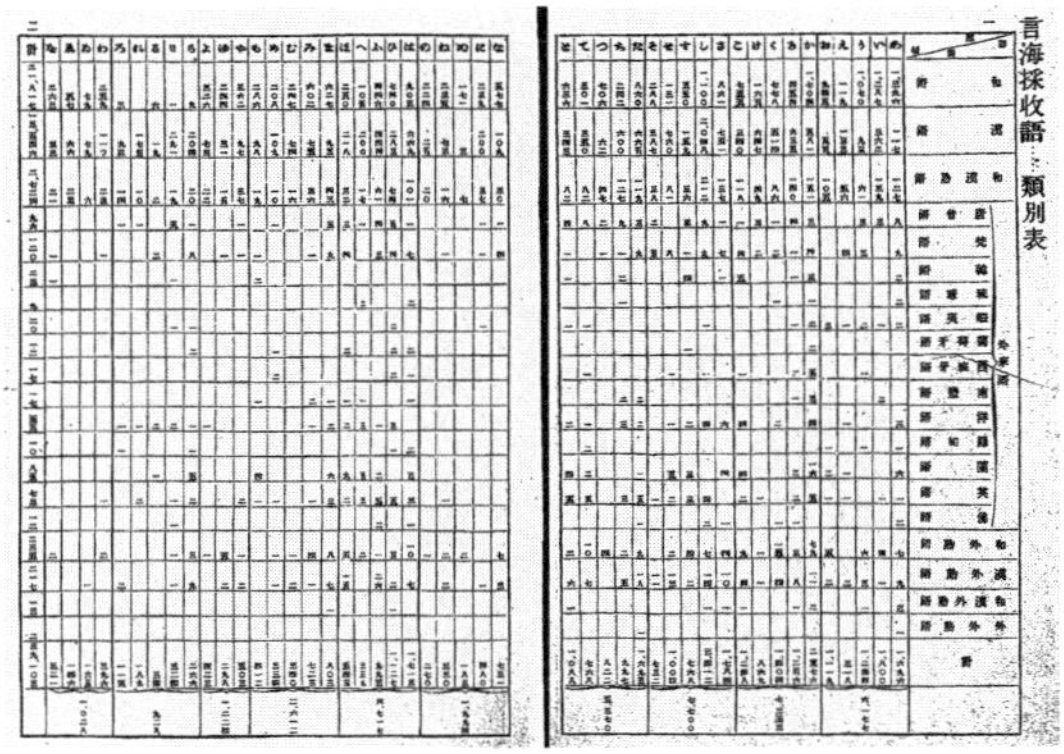

図4　「言海採収語　類別表」『言海』初版（国立国会図書館デジタルコレクション）

『言海』の本文（つまり語釈の部分）がおわり、「ことばのうみ　の　おくがき」の前に「言海採収語　類別表」二頁が挿入されている（図4）のだが、これは収録語数を「あ」から「を」にわけて記し、さらに語別（和語、漢語、和漢熟語、外来語など）ごとに語数を記したものである。この「外来語」のなかに「唐音語」「韓語」「蝦夷語」「南蛮語」「洋語」などとともに「琉球語」がふくまれている。「漢語」と「唐音語」とを分けている（「唐（宋）音」は、呉音・漢音以後の時期に入ってきた中国漢字音）点にも注意したいが、「琉球語」を外来語とするのは、どういった理由からなのだろうか。『言海』には「外来」を「（一）外カ《ホカ》ラ入リ来ルコト。（二）外国ヨリ来ルコト」とするのみである。

一方、大槻の「外来語原考」（一八八四年二月）では「琉球ハ、人種、言語、共ニ此国〔日本〕ヨリ支《わか》レシモノニテ、外国ニハアラサレトモ、稍《やや》異ナル所アレハ記セリ」とし「蝦夷」（アイヌ）も「我カ版図内ノ人ナレトモ、人種言語、全ク異ナレハ出ス」としている（一二四―一二五頁）。その恣意性は明白である。『言海』は外来語はカタカナで立項しているので、琉球語は、たとえば、

アンーズ（名）｜按司｜琉球ノ官、王子ノ次、親方《オヤカタ》ノ上ニ位ス。

というような形で示される。読みは、「アジ」であろう。「親方」も「ウエーカタ」と読むことは現在では沖縄関係の書物をめくればすぐにわかる。また、『言海』の「おやかた」（親方）の三番目の語釈に「琉球ノ官名、按司《アンズ》ノ次、里之子《サトノシ》ノ上ナリ」とある。「里之子」およびその下の官職となる役職である「チクドン」（筑登之）ともに立項されている（「里之子」は外来語あつかいではない）。実際には「親方」と「里之子」のあいだに「親雲上」が入るのだが、この単語も「ベイキン」（親雲上）として立項されている。この語釈は「親方ノ次、里之子ノ上」と正確になされており、「親方」の語釈に不備があることがわかる。「ベイキン」の同義語として「バイキン」（牌金）をあげている（漢字語の傍線は「和ノ通用字」であることを示す）。これもまた「普通語」ということになる。先の「類別表」をみると『言海』で「琉球語」としてかかげているのはわずか九語である。それでもって大槻の「普通」概念をあれこれいうのはふさわしくないようにも思うのであるが、「里之子」と「親方」は「和漢熟語」に分類されるものの、ほかに「アダン（阿旦）」「カツマル」「グスク」「ハブ」「ヘゴ」で九

語となる（「バイキン」もふくむ）。「カツマル」はガジュマルのことのようだが、「椿」に似ているなどとあるので、記述は正確なのかと思ってしまう。「ヘゴ」はシダのことだが、「琉球ニテ蕨《ワラビ》ノ称」とあり、疑問なしとしない。

九語のうち四語（それと「親方」「里之子」）が琉球王朝の官位に関わるものであることが示すように、大槻が『琉球新誌』を著したときに得た知識が反映されていると考えてよい（『琉球新誌』の「政制」の節で説明がなされている）。ほかに「阿旦」・「榕」（ガジュマルのことだがふりがななし）という単語もみえる。要するに「琉球語」への視線云々というよりも、単に大槻が知っている知識という意味で、大槻にとっての「普通語」ととらえた方が妥当なように思われる。「普通」の恣意性の一例とみなしてよいだろう。

話をもどす。「外来語原考」は大槻が外来語と考える四三一語の由来を簡略に述べたものであるが、『言海』の外来語は五三二語である。数字だけみれば「外来語原考」でとりあげたものがほぼ採録されていることになる（語釈は『言海』の方が詳しい）。しかし、仔細にみてみると、一八八四年の「外来語原考」にあっても、『言海』では外来語としてではなく採録されている語も見うけられる。たとえば、「外来語原考」で、「アウン（阿吽）梵語、口ノ開合呼吸ノ称」（傍点引用者）と記されているものが、『言海』ではひらがなで「あ-うん」と立項されている。外来語の場合はカタカナでの立項になるので、『言海』の執筆の際にはこれを外来語と大槻は認めないようになった、ということがわかる。語釈は「仏経ノ語、息ノ出入ノ称」となっている。「梵語」が外されたことがわかる。

「あ」ではほかに「アバタ」と「アンクワ」（行火）が「外来語原考」で外来語とされたが、『言海』

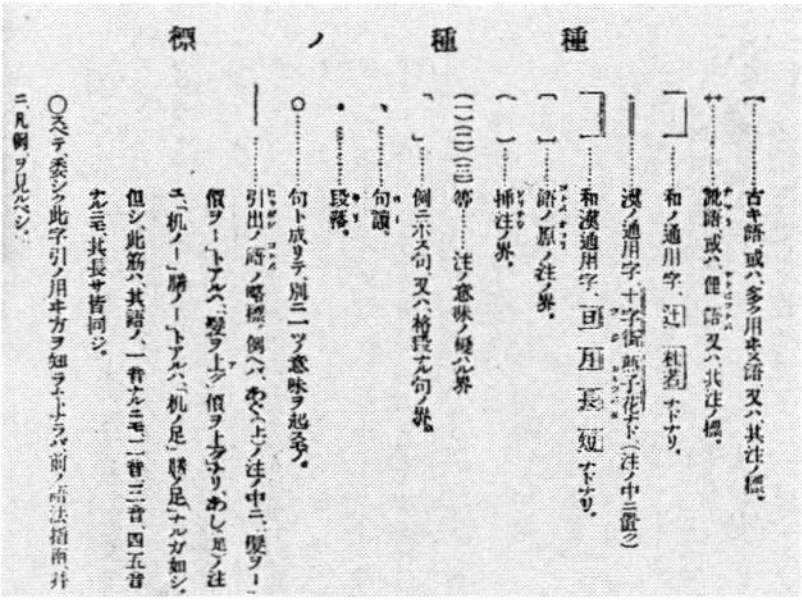
種種ノ標
【……古キ語、或ハ、多ク用ヰヌ語、又ハ、其注ノ標。
‡……訛語、或ハ、俚語、又ハ、其注ノ標。
「 」……和ノ通用字、辷 椛 杢 ナドナリ。
‖……漢ノ通用字、十字架、燕子花ナド（注ノ中ニ置ク）
［ ］……和漢通用字、画 匝 長 短 ナドナリ。
［ ］……語ノ原ノ注ノ界。
（ ）……挿注ノ界。
（一）（二）（三）等……注ノ意味ノ變ハル界
「 」……例ニ示ス句、又ハ、稍長キ句ノ界。

、……句讀。
・……段落。
○……句ト成リテ、別ニ一ツノ意味ヲ起ス。
―……引出ノ語ノ略標、例ヘバ、あぐ（上）ノ注ノ中ニ、「髮ヲ―」、「假ヲ―」トアルハ、「髮ヲ上グ」、「假ヲ上グ」ナリ、あし（足）ノ注ニ、「机ノ―」、「膝ノ―」トアルハ、「机ノ足」、「膝ノ足」ナルガ如シ。但シ、此筋ハ、其語ノ、一音ナルニモ、二音、三音、四五音ナルニモ、其長サ皆同ジ。
○スベテ、委シク此字引ノ用ヰ方ヲ知ラムトナラバ、前ノ語法指南、并ニ、凡例、ヲ見ルベシ。

図５　「種種ノ標」『言海』縮刷版２版、1904 年

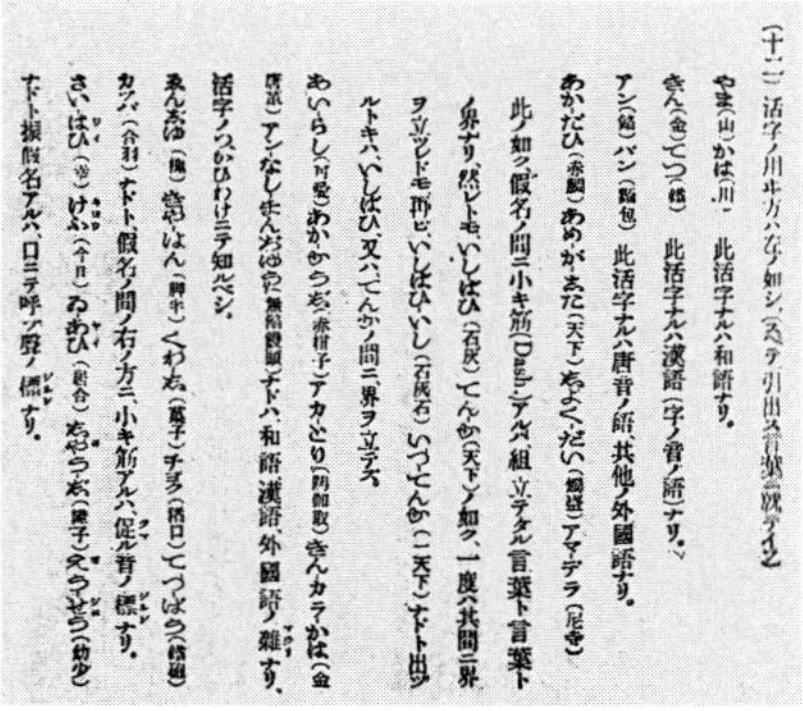
（十二）活字ノ用ヰ方ハ左ノ如シ、（スベテ引出ス言葉ニ就テイフ）
やま（山）かは（川）　此活字ナルハ和語ナリ。

きん（金）てつ（鐵）　此活字ナルハ漢語（字ノ音ノ語）ナリ。

アン（餡）パン（麪包）　此活字ナルハ唐音ノ語、其他ノ外國語ナリ。

あか-だひ（赤鯛）あめ-が-した（天下）ちよく-だい（勅題）アマ-デラ（尼寺）

此ノ如ク假名ノ間ニ小キ筋（Dash）アルハ、組立テタル言葉ト言葉トノ界ナリ、然レドモ、いし-ばひ（石灰）てん-か（天下）ノ如ク、一度ハ其間ニ界ヲ立ツレドモ、再ビ、いしばひ-いし（石灰石）いつ-てんか（一天下）ナドト出ヅルトキハ、いしばひ、又ハ、てんかノ間ニ、界ヲ立テズ。

あいらし（可愛）あか-がらち（赤柑子）アカ-どり（防御取）きんカラ-かは（金唐革）アン-なし-きん-おゆだ（無縁餓鬼）ナドハ、和語、漢語、外國語ノ雜ナリ。

活字ノつかひわけニテ知ルベシ。

ゑんおゆ（燕）ちやはん（茶碗）くわし（菓子）チャウ（楮口）てつぱう（鐵砲）

カッパ（合羽）ナドト、假名ノ間ノ右ノ方ニ、小キ筋アルハ、促ル音ノ標ナリ。

さいはひ（幸）けふ（今日）ゐあひ（居合）ちやうし（銚子）えうせう（幼少）

ナドト、振假名アルハ、口ニテ呼ブ聲ノ標ナリ。

図６　「索引指南（十二）」『言海』縮刷版２版、1904 年

では外来語としてではなく採録されている。大槻がつねに説の検討をしていた、ということでもあるが、外来語ではないとすることは、「純粋な日本語」とは何かを定めることでもあるので、線引きのむずかしさ、そしてその基準が明確に示されない場合には恣意性があらわになる。

この点に関して、『復軒雑纂』の校注をおこなった鈴木広光は、こうした「ことばの純粋性を確認しようとする営みが、ことばを民族や国家の独立の象徴とみる言語ナショナリズムのあらわれであることはいうまでもない」としたうえで、語源記述などに近世の辞書が多く参照されていることを指摘、それはすなわち「『言海』という国語辞書は、近世以来の学問的成果と近代精神の融合の産物であった」とまとめている（鈴木広光「解説」『復軒雑纂1　国語学・国語国字問題編』三〇一頁）。

さらに大槻は、語の種類を活字や傍線を活用して一目瞭然の形で示そうとした。

本章の冒頭で「字引」などの語釈を引用したが、漢字表記においては傍線、二重傍線などを使いわけていることを指摘した。これは『言海』の「種種ノ標」（図5）で明記されているが、ほかにも古

語を示す記号、方言を示す記号などが工夫されていることがわかる。

また「索引指南」（十二）では、見出し語の表記について、和語、漢語、唐音の語・外来語で活字をかえていることを示している（図6）。唐音の語・外来語はカタカナで書かれるのでわかりやすいが、和語と漢語でも活字をかえている。これはなかなかわかりにくい。たとえば「て」をみてみよう（図7）。堅牢、安全を意味する「手丈夫」の見出し、「てーぢやうぶ」は和語であるが、その隣の漢語「鉄」の見出し「てつ」の「て」の活字が異なっていることがわかるだろう。同様なことは「か」（図8）や「く」（図9）などでもみられる。すべての音節でこうした区別を貫徹させていくわけであるから、これを正確に組むのがかなり大変であったことは想像にかたくない。校正に時間がかかったのもゆえなしとしない。

また、現在は、ひらがな・カタカナの字体は一種類に固定されている。これが政策的に定められた

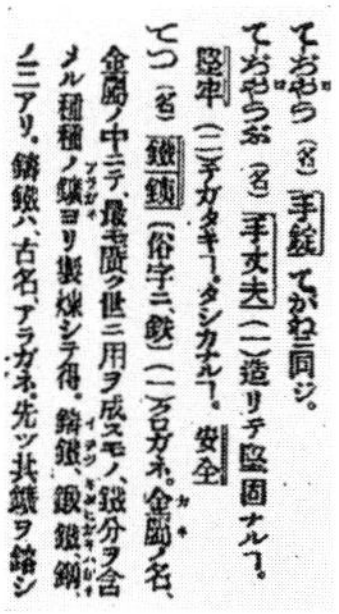
てーぢやう (名) 手錠 てかねニ同ジ。
てーぢやうぶ (名) 手丈夫 (一)造リテ堅固ナルコ。堅牢 (二)テガタキコ。タシカナルコ。安全
てつ (名) 鐵 (俗字ニ、鉄) (一)クロガネ。金属ノ名、金属ノ中ニテ、最モ廣ク世ニ用ヲ成スモノ、鐵分ヲ含メル種種ノ礦ヨリ製煉シテ得。銑鐵、錬鐵、鋼、ノ三アリ。銑鐵ハ、古名、アラガネ。先ヅ其鐵ヲ鎔シ

図7 「て」の活字の差（『言海』初版、国立国会図書館デジタルコレクション）

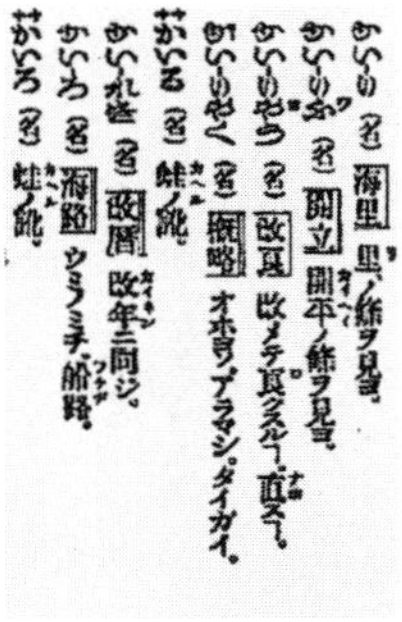
かいり (名) 海里 里ノ條ヲ見ヨ。
かいりふ (名) 開立 開平ノ條ヲ見ヨ。
かいりやう (名) 改良 改メテ良クスルコ。直スコ。
かいりやく (名) 概略 オホヨソ。アラマシ。タイガイ。
かいる (名) 蛙ノ訛。
かいれき (名) 改暦 改年ニ同ジ。
かいろ (名) 海路 ウミノミチ。船路。
かいろ (名) 蛙ノ訛。

図8 「か」の活字の差（『言海』初版、国立国会図書館デジタルコレクション）

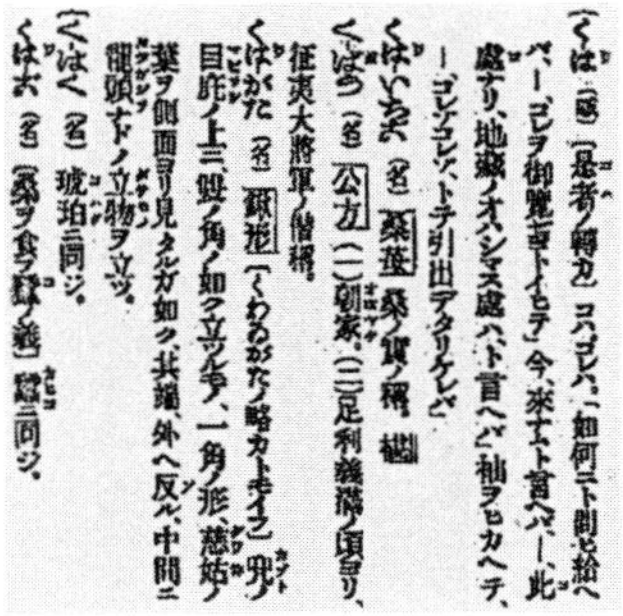
くは (感) [是者ノ轉カ] コハ、コレハ。「如何ニト問ヒ給ヘバ、「コレヲ御覧ぜよトイヒテ」今、来ナムト言ヘバ、「此處ナリ、地獄ノオハシマス處ハト言ヘバ」袖ヲヒカヘテ、「コレコレハトテ引出デタリケレバ」
くはいえふ (名) 桑葉 桑ノ葉ノ稱。
くばう (名) 公方 (一)朝家。(二)足利義満ノ頃ヨリ、征夷大將軍ノ尊稱。
くはがた (名) 鍬形 [くはのかたノ略カトモイフ] 兜ノ目庇ノ上ニ、鍬ノ角ノ如ク立ツル物ナリ、一角ノ形、鍬ノ葉ヲ側面ヨリ見タルガ如ク、其端、外ヘ反ル、中間ニ龍頭ナドノ立物ヲ立ツ。
くはく (名) 琥珀ニ同ジ。
くはこ (名) [桑ヲ食フ蠶ノ義] 蠶ニ同ジ。

図9 「く」の活字の差（『言海』初版、国立国会図書館デジタルコレクション）

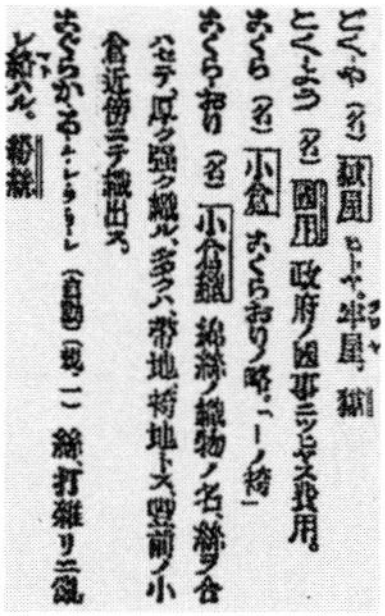

こくや (名) 穀屋 コメヤ。米屋。
こくよう (名) 國用 政府ノ國事ニツヒヤス費用。
こくら (名) 小倉 こくらおりノ略。「―ノ袴」
こくらおり (名) 小倉織 綿絲ノ織物ノ名、絲ヲ合ハセテ、厚ク強ク織ル、多クハ、帯地、袴地トス、豊前ノ小倉近傍ニテ織出ス。
こぐらかる (自動) (現.一) 絲、打雑リテ亂レ縺ル。

図10 「こ」の活字の差（『言海』初版、国立国会図書館デジタルコレクション）

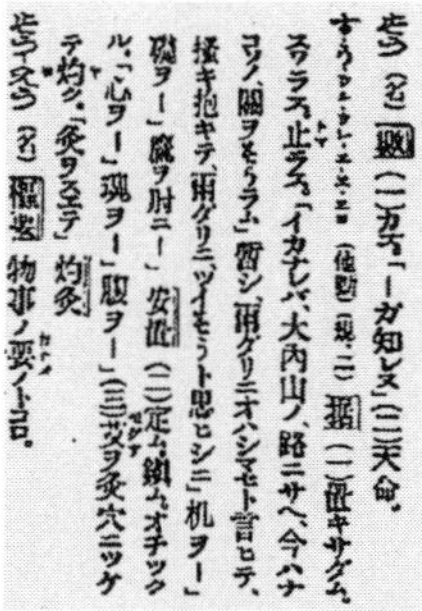

す (名) 數 (一)カズ。「―ガ知レズ」(二)天命。
すう (他動) (規.二) 据 (一)据キサダム。スワラス。止ラス。「イカナレバ、大内山ノ、路ニサヘ、今ハナコソノ、関ヲモスラム」居シ、「琱グリニオハシマセト言ヒテ、掻キ抱キテ、琱グリニ、ツイモスト思ヒシニ」机ヲ―」礎ヲ―」腰ヲ附ニ―」安置 (二)定ム。鎮ム。オチツクル。「心ヲ―」魂ヲ―」眼ヲ―」(三)灸ヲ灸穴ニツケテ灼ク。「灸ヲスヱテ」灼灸
すうえう (名) 樞要 物事ノ要ノトコロ。

図11 「す」の活字の差（『言海』初版、国立国会図書館デジタルコレクション）

のは、一九〇〇年改正の小学校令施行規則の第一号表によるのであるが、『言海』はそれ以前の刊行であるし（たとえば「し」は漢字「之」をくずしたものだが、『言海』では「志」をくずした字体の方も用いている）、小学校以外では字体が統一されていたとは必ずしもいえない。

現在の「こ」の字体は、漢字「己」をくずしたものだが、この他にも『言海』では「古」をくずしてできた字体（便宜上「古」で示す）が用いられている。このふたつの字体は、よくみると見出し語での使いわけがなされている。たとえば、「こく―よう」（国用）、「こく―か」（国家《ッ》）に対し「古くら」（小倉）、「古―ぐれ」（木暮）となっている。前者が漢語、後者が和語であるから、漢語と和語で使いわけていることがわかる（図10）。

また、「す」は漢字「寸」をくずしたものだが、他に「春」をくずした字体についても、前者で和語を、後者で漢語を表記していることもわかる（図11）。

五十音排列という新秩序

次に語の排列について述べる。

「自伝」によれば、『言海』祝宴を企画した富田鉄之助が福沢諭吉（一八三五年〜一九〇一年）に出席と祝辞を依頼し快諾を得たが、のちに式次第を送ったところ、祝辞の順番が政治家のあとになっているので「学者の立場から政事家と伍をなすを好まぬ」（二三三頁）と難色を示し祝辞だけ送ってきたという。福沢らしいというか、たんに大人げないというべきか、判断のわかれるところである。

また、それより前に大槻が『言海』を持参したところ、福沢は「結構なものが出来ましたナ」といったものの「言葉の順が五十音順であるのを見て顔を顰《しか》め、寄席の下足札が五十音でいけますかと云はれた」、と比較的知られているエピソードを記している。福沢は大槻のひとまわり上である。大槻は「小学〔校〕でもハヤ二十年来五十音を教へて居ることに思ひ至られなかつたのでもあらうか」（二三三頁）とややあきれ気味に書いているが、同じ洋学者で五十音排列のもつ革新性に福沢は気がついていたとしても、それに全面的に乗り切れなかった時代の微妙なずれがあったのであろう。

五十音排列の何が新しいのか。まずは、ヨーロッパにおける百科事典の編成が一七世紀初頭からアルファベット排列になっていったことの意味に照らしながら考えてみたい。

百科事典の編成が従来の範疇別の分類からアルファベット排列になったのだが、この点について、イギリスの歴史学者、ピーター・バークは以下のように論じている。つまり、伝統的な主題別・範疇別の「知識の樹」の編成から、相互に何の関係もない項目がアルファベット順に並置されていくことが受けいれられたのは、大量の新たな知識の整理ができたためだという。そしてさらに、これが受けいれられていくには実際には時間がかかったとはいえ、「アルファベット順の使用は、位階秩序的で有機的構造をもった世界という世界観から、個人主義的で平等主義的な世界観への転換を、反映もし、助長もしていた」と論じていく（バーク『知識の社会史』二〇〇四年、一七四頁）。さらに、この転換は、読むための百科事典から参照するためのそれへとなっていったことが示すように、精読から多読へと読書方式の変化にも影響を与えたという。これは百科事典についての議論であるが、辞書の場合にもあてはまるだろう。

日本の場合、近代以前の辞書といえば、代表的なものは節用集である。成立は一五世紀半ばごろで、近世にはイロハ引きの辞書の代名詞のようにも使われ多種多様なものが刊行され、明治になっても刊行がつづいていた。節用集については、国語学者・橋本進吉（一八八二年〜一九四五年）による子細な研究『古本節用集の研究』（一九一六年）にしたがってその性質をまとめれば、「語の意義を解釈する為の国語辞書」ではなく、「よみから漢字を索《もと》めるもの」（三二九頁）であり、「書を読む人の為に語義を説明するよりも、寧、主として、物書く人の為に文字を与へる書」（三五五頁）ということになる。

さらに、『国語学大辞典』（一九八〇年）の項目「節用集」（前田富祺筆）によって、その分類方法を概括的にまとめると以下のようになる。

語をあげる場合は、第一には語の第一音節によりイロハ順に分け、さらにそれぞれの内部を意義分類してあるものが多い。近世中期以降には、意義分類を第一基準として語彙を分けさらにイロハ順にしたもの、第一基準はイロハ順とし第二基準は音節数によるものなども出てくる。意義分類は、「天地」（「乾坤」とも）、「時節」（「時候」とも）、「草木」（「生殖」とも）、「肢体」、「人倫」（「人物」「人支」とも）、「畜類」（「気形」「生類」とも）、「財宝」（「器財」とも）、「衣服」、「食物」（「飲食」とも。「衣服」と合わせて「服食」とも）、「数量」、「言語」（「言辞」「言語進退」とも）など十数部門に分けられることが多い。〔……〕。近世に改編増補されたものには、さらに手紙の書き方、行儀作法、年号など当時の常識とすべきことについての付録がつけられ、百科辞書的な性質を帯びたものもある。中世の節用集では、語を楷書体で示し右側にその漢字（漢語）の音訓を片仮名で示したものが多いが、近世になると、いわゆる真草二行（右に草書、左に楷書）の形で示したものが多い。

つまりは、五十音順のものもある（大伴広公編『温故知新書』一四八四年）が、イロハ順や意義分類が混在したものであり、それぞれの節用集に慣れないかぎり到達すべき語彙に到るまでの時間がかかる。ここでいう意義分類が、先のバークのいう伝統的な主題別・範疇別の「知識の樹」の編成になる。それをなくして五十音順で排列することが、節用集的世界からの離脱にもつながるのである。

大槻は「本書編纂ノ大意」（十）でイロハ順を採用しない理由を以下のように述べる。

各語ヲ、字母ノ順ニテ排列シ、又、索引スルニ、西洋ノ「アルハベタ」ハ、字数、僅ニ二十余ナルガ故ニ、其順序ヲ諳記シ易クシテ、某字ハ、某字ノ前ナリ、後ナリ、ト忽《たちまち》ニ想起スルコトヲ得、然ルニ、吾ガいろはノ字数ハ、五十弱ノ多キアルガ故ニ、急ニ索引セムトスルニ当リテ、某字ハ、何辺ナラムカ、ト瞑目再三思スレトモ、遂ニ記出セザルコト多ク、ソノ在ラムト思フ辺ヲ、前後数字、推当テニ口ニ唱ヘテ、始メテ得ルコトトナル。〔……〕此事、慣レ易カルベクシテ、甚ダ慣レ難キハ、編者ガ編纂数年間ノ実験ニ因テ、確ニ知ル所ナリ。扨、又、五十音ノ順序ハ、字数ハ、いろはト同ジケレトモ、先ヅ、あかさたな、はまやらわノ十音ヲ記シ、此十個ノ綱ヲ挙グレバ、其下ニ連ルかきくけこ、さしすせそ等ノ目ヲ提出スルコト、甚ダ便捷ニシテ、いろは順ハ、終ニ五十音順ニ若カズ。因テ、今ハ五十音ノ順ニ従ヘリ。

というように、引きやすさの点でイロハ順ではなく五十音順を採用したとしている。効率よく網羅するという近代的な志向にとってみれば、この移行は当然なものでもあった。イロハ順・意義分類という知の体系から、五十音順への排列という移行が、バークのいうような、「位階秩序的で有機的構造をもった世界という世界観から、個人主義的で平等主義的な世界観への転換」となるのかは簡単にはいえない。ただ、意義分類の知識を必要としない引き方は、ある意味で「平等主義的」とはいえるだろう。

また、意義分類という体系から離脱し、五十音順を選好していくことは、結果的には隣接する見出し語相互間の関係性を希薄なものとし、イロハ順よりも引きやすくなるということは、総体としての国語を呈示するという効果を高めることになる。

とはいうものの、実際にはイロハ引きかつ意義分類の節用集は明治の後半になっても刊行されており、それなりの需要は存在していた。手元にある『新撰日本節用』(内山正如、博文館)は『言海』後の一八九三年の刊行である。これは語の音節数順、意義順（言語、天地、人倫、衣食、器財、動植）、そのなかでのイロハ順という構成であり、漢字字体二種が掲示されている（図12、13）。福沢の例もあるように、あらたな秩序にそう簡単には移行しないということでもある。

そして、語義を知るためではなく、「よみから漢字を索め」て「物書く人の為に文字を与へる書」という節用集的なつかわれ方も健在であり、ほかならぬ『言海』の縮刷版を、たとえば徳富猪一郎は「常に持つて居る。私はそれを何の為めに使ふかと云へば、近頃だんだん年を取りまして字を忘れる、忘れるからして始終引くのであります」と、あくまでも「字引」としてつかっているのだ、と述べている（徳富猪一郎「団十郎と左団次」一九三二年、七六頁）。もちろん、発言当時七〇歳の評論家・徳富蘇峰がいちいち辞書を引いて意味を確かめるようなことは考えにくく、さらに、縮刷版は活字が小さく拡大鏡をつかわないとよく見えないのだが、こうした節用集的使用法は、現在も案外と根強いのではないかと思われる。

図12　内山正如編『新撰日本節用』博文館、1893年

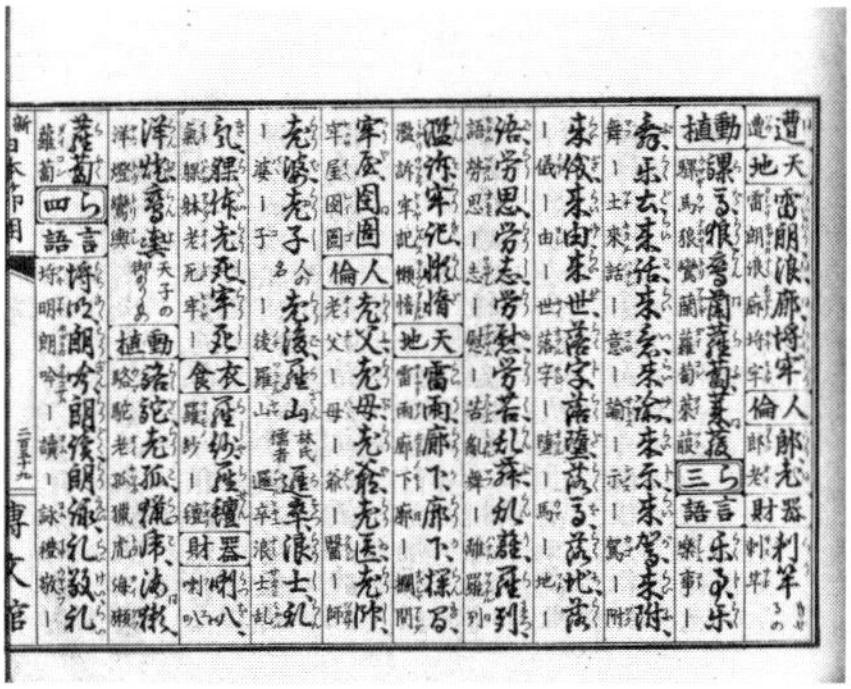
図13　『新撰日本節用』より

ちなみに、『言海』では「ん」は「む」のあとに置かれている。たとえば動詞「きむ（極む）」のあとが「きん（金）」のように。『言海』の「索引指南」（四）に、「ロニんトイフ言葉ニテ、んニ無クバむノ順ヲ見ルベシ」と指示されているように、発音が近いから順に並べたということである。

また、当時の一般的なかなづかい（現在では歴史的かなづかいと呼ばれるもの）にしたがっているため、たとえば「標準」を引くには「へうじゆん」を探さなければならない。ただ、「へ」に「ヒヨ」というルビが付されており、どう発音するのかはわかる。このあたりを不便と感じるのは現代的な感覚であろうが、かなづかいはそれなりに煩瑣なものでもあり、文部省では表音表記化のこころみがくりかえされてきた。現在のかなづかいの元になる「現代かなづかい」が内閣訓令として出されるのは敗戦後のことであったが（安田敏朗『国語審議会』二〇〇七年など）、表音表記で排列をしたら、あるいは『言海』当時の人びとにとって便利であったかもしれない。

語法指南（日本文典摘録）

Ｉ章でも指摘したが、「語法指南」と『言海』本文とは密接不可分のものと大槻は考えていた。それは「本書編纂ノ大意」（四）に「此書ノ篇首ニ、語法指南トテ掲ゲタルハ、其文典中ノ規定ノ、辞書ニ用アル処ヲ摘ミタルモノナレバ、此書ヲ覧ム者ハ、先ヅ之ニ就キテ、其規定ヲ知リ、而シテ後ニ、本書ヲ使用スベシ」とあるように、辞書をつかう前に「語法指南」を読んで文法知識を得てほしい、と記しているところにもあらわれている。「文法ヲ知ラザルモノ、辞書ヲ使用スベカラズ、辞書ヲ使用セムホドノ者ハ、文法ヲ知レル者タルベシ」とも同じところで述べている。ここからは、「字引」

と異なるものとして「辞書」を大槻がとらえていたとみることもできるであろうが、辞書の使用者への要求としてはやや高度であるかもしれない。

「洋文典」を基礎にして書かれた「語法指南」、そしてすべての単語に品詞を付しているのが『言海』の特徴である、と伊藤博文も述べていたが、文法書により言語の骨格を示し、単語を品詞分類することでその骨格に肉付けする、というようなイメージであろうか。

また、同じく「本書編纂ノ大意」(四)には、近世の国学者などがあらわした文法書が列挙されているが、それらは「或ハ仮名遣ヲ論ジ、或ハ動詞ノ語尾変化ヲ説キ、或ハ語格起結ノ法ヲ定メ、其苦心考定セル所、粗、尽セリ。然レトモ、是等先哲ノ諸著作ハ、率ネ、言語ノ古音、古義、古格ノ解シ難ク誤リ易カラムモノノ局処ヲ釈クヲ専ラトシタレバ、通俗語、方言等ハ固ヨリ説カズ、且、雅言トスルモノモ、音義分明ニシテ、誤ルベキヤウナキモノハ、甚ダ闕略セリ」という。要するに、特定の、解釈の難しいものに関してしか議論をしてこなかった、人がまちがえないようなものは、雅言であっても載せることはなかった、としている。これの反転として「普通語」を設定しているとみてもよいだろう。そして文法に関しても、「普通文典トシテ、体裁ヲ一書ニ具備セルモノ、固ヨリ無ク、〔……〕文典ノ範囲内ニ於テ、未ダ論及セザル件、尚、多シ」と問題点をあげる。

種々検討の結果、「西洋文法ノ位立テヲ取リテ、新ニ一部ノ文典ヲ編シテ、其規定ヲ本書ニ用キタリ」とする。洋文典であることを明示し、「文法専門ノ新造語モ多ク出来レリ」という状況なので、先の引用のように、まずは「語法指南」を読んでから辞書を使ってくれ、とつづく。

もちろん、明治前期にも日本語の文法書はそれなりの数が刊行されていた。それらを検討した日本語学者・山東功は、以下のように記している。

> ただ、その多くは今日の学術的観点からすれば極めて稚拙に映るため、全様はおろか、その一部ですら余り顧みられていないのが現状である。しかし、少なくとも大槻以降の近代国語学成立の過程を追う際には、その前史となる明治前期の実相を押さえなければ、その評価は恣意的であるとの誹りは免れない。むしろ明治前期の日本語文法書の継承、展開、批判といった流れの中で、今日の文法研究は成立していると見るのが適当であろう。（『明治前期日本文典の研究』二〇〇二年、一〇七頁）

大槻以前の文法研究をまとめる余裕も能力も私にはないが、近代国語学の成立の起点のひとつに大槻の研究がすえられていること、そして大槻の研究もそれ以前の研究をさまざまな形でひきついだ（あるいはひきつがない）ものであるという位置づけがなされていることをおさえておきたい。

以下、「語法指南」の内容を簡略に述べる。まずは「仮名　音」編で五十音表とかなの字体、発音（単音、母韻、発声、熟音、半母韻、鼻声、促声、濁音、半濁音、拗音、転呼音、連声）の説明がなされる。次が「言語」編となり、八品詞（名詞、動詞、形容詞、助動詞、副詞、接続詞、天爾遠波《テニヲハ》、感動詞）と、接頭語（Prefix.）、接尾語（Suffix.）、「国語ニ、一種特別ナル」ものとして発語〔「み吉野」や「さ夜」など。接頭語的なもの、二重傍線は原文〕、そして枕詞を項目としてあげている。

「言語」編の冒頭に、名詞・代名詞には「洋語」でいうところの「男女中ノ性（Gender.）無シ」、「単復ノ数（Number.）」もわたしたち、とか山山という形で示すことはあるが、基本的にはなく、それが動詞、形容詞などに影響をあたえることはない旨明記され、「動詞、形容詞ニモ、性モ、数モ、人称（Person.）モ、無シ」と記されている。「洋語」を知らなければ、余計な知識でしかないが、十全たる日本文典が存在していなかったとしたら、参照されるのは「洋文法」となる可能性は高く、そうしたなかで、「ない」という形で「洋文法」との対応を示すことがより重要であったと考えられる。I章でみたように、大槻が訓注を施して『支那文典』を刊行したのが、これが「洋文ノ法ヲ以テ、漢文ノ法ヲ説キタル」書物であったこととも関連があろう。対応の有無をみる、ということである。

もう一点、「洋語ニ、名詞ノ格（Case.）」について記されている。名詞の格は、日本語の「が、の、に、を」などに相当するようにみえるが、さまざまな意味があるので、「彼ノ謂ハユル格ニ当ルモアリ、当ラヌモアリ」。したがって、格とせずに、「天爾遠波」を別に立てた、としている。「天爾遠波」は大きく三分類され、「第一類　名詞ニ属《ツ》クモノ／第二類　種種ノ語ニ属クモノ／第三類　動詞ニ属クモノ」となっている。実際にみていくと、たとえば「を」は「英〔語〕ノ Objective case.（賓格）ニ宛ツベキガ如シ」であるとか、「より」に「羅甸ノ Ablative case.（奪格）ニ宛ツベキカ」などと記されており、「洋語」の「格」概念を念頭に置いていることもわかる。ただそれがきれいに一対一対応をするわけではないので、別の範疇をつくったということである。そしてこの三分類は大槻の独創だという（『広日本文典別記』一一一頁）。

「語法指南」の完成形である『広日本文典』でも、表記は変わるが「弖爾乎波」の項目は立てられている。また、『広日本文典別記』では、それぞれ「格」として解釈できない場合などの解説がなされている。

現在の学校文法では、格助詞・終助詞・副助詞・接続助詞などに下位区分されるものの、「助詞」という範疇を立てることに疑義ははさまれていない。しかしながら、明治政府が主導した一種の百科事典である『古事類苑』（一八九六年〜一九一四年刊行）の編纂にかかわり、モラロジー（道徳科学）を提唱し、広池学園（麗澤大学など）を創始した東洋法制史研究者・広池千九郎《ちくろう》（一八六六年〜一九三八年）が『てにをは廃止論』（一九〇五年）という書物を刊行している。そこでは、大槻の『広日本文典』で分類された「弖爾乎波」おのおのを、別の品詞に包含させていくことでこの分類をなくすことを目的としている。たとえば、「が、の、に、より、まで」などを「後置詞」としていくように。

こうした議論の目的は、「印欧語の法則が、幾何の程度まで、東亜諸国の言語に応用せらるべきか、換言すれば、印欧語と東亜諸国の国語と、如何の程度まで其構造が同一なるか」云々を考えるところにあった（『てにをは廃止論』三三頁）。田口卯吉がこのころ日本語アーリア語同系論をとなえていたので、さまざまな連想がはたらくが、ここでは深追いはしない。ともあれ、大槻と対比してみると、「洋文法」との距離をどのようにとろうとしていたのかという一例にはなる。

この広池が一九〇五年に『支那文典』を刊行した際の序文を上田万年が書いている。そこでは、おそらく『てにをは廃止論』をふまえて、広池が「古来、日本文法上、テニヲハと称せし一類の語に、精密なる研究を加へたるが如きは、学問上、甚た注目すべき有用の事業にして、日本文法史上に、特筆すべき価値あるを見る」と称賛している（『支那文典』序、三頁）。深く吟味せずして書いた序文のように思われてならない。

それはともかくとして、「語法指南」では動詞や助動詞の活用の種類、活用形の分類など、大槻なりに分析をくわえた工夫がみられる。

「語法指南」の「第一表」で示される「動詞ノ語尾変化―法」では、「規則動詞（正格）」と「不規則動詞（変格）」に大きく分けられる。規則動詞の第一類から第四類は、四段、下二段、中二段、一段活用とカッコ内に小さく記され、不規則動詞の第一類から第四類も、加行、左行、奈行、良行活用と同じくカッコ内に記されている。活用形は、第一変化即本体から第六変化まで設定され、「法（mood）」という用語で説明が加えられている。第一変化は「直説法（截断終止）Indicative mood.」、第二変化は「分詞法（連体）Participial mood, or Verbal adjective.」、第三変化は「已然 Perfect.」、第四変化は「将然 Imperfect.」、そして第三・第四変化は「接続法 Subjunctive mood.（if）」とされ、第五変化は「折説法（連用）Participle, present.」「熟語法（連用）Compound form.」「名詞法（仮体）Gerund.」、第六変化は「命令法（希求）Imperative mood.」となっている（図14）。

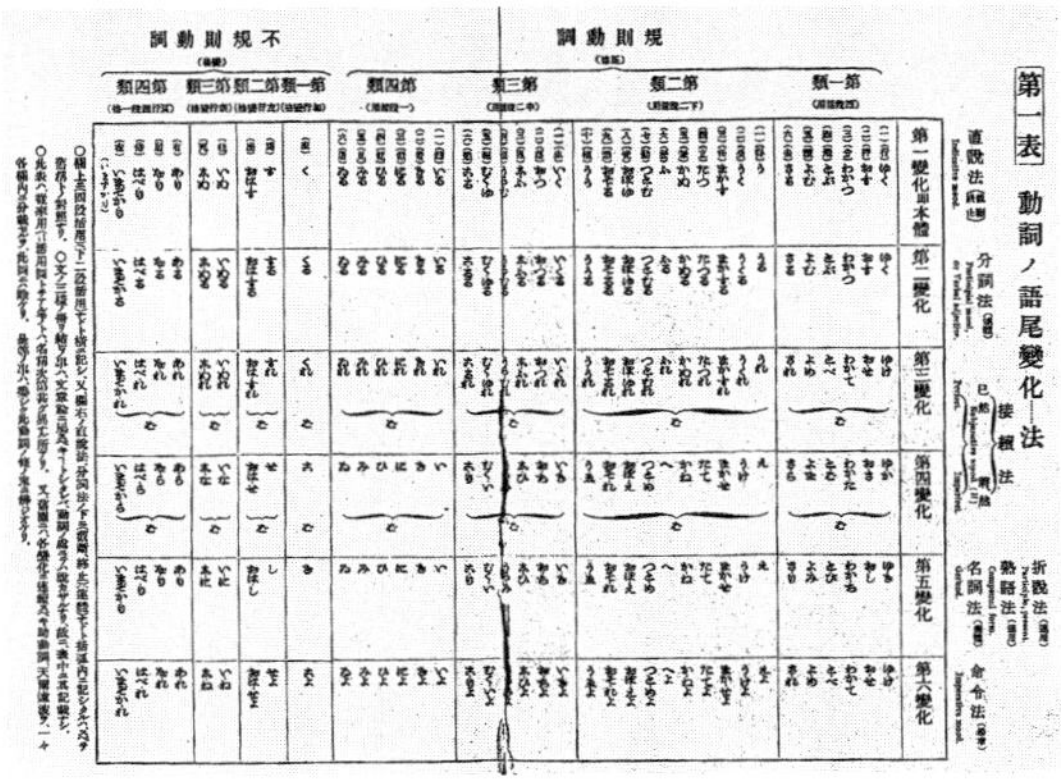

図14 「動詞ノ語尾変化」（『言海』初版、国立国会図書館デジタルコレクション）

現在日本の学校教育で習ういわゆる学校文法と共通する

用語は多いが、第一類動詞の第三変化、などと書かれると、たんに覚え込まされた学校文法の経験からすれば、「おぼえにくい」という印象をもってしまう。

一方で、説明的であることは確かであるので、動詞や助動詞の活用を分析的に考えるという点において、有意義ではあろう。

とはいうものの、『広日本文典別記』のなかでの回想によれば、「語法指南」が「多ク、世ノ文法家ノ容ルル所トナレリ」とはなったものの、第一類、第二変化などの「改称」については、評判が悪かったようで、「諸方ヨリ来リ訴ヘテ云フ、理論、或ハ然ラム、然レトモ、旧称〔四段活用や連体形など〕、已ニ久シク慣用セラレタリ、唯、名称トノミ見バ善ケム、枉《ま》ゲテ旧称ニ依リテ改刊セヨト云フ」(六五頁)などといわれたようで、『広日本文典』では多く「旧称」に戻している。

「ことばのうみ　の　おくがき」

最後に、『言海』には「ことばのうみ　の　おくがき」が付されており、この辞書ができあがるまでの経緯が語られている。この文章は「言海跋」として『復軒雑纂』にも収められている(ほかに、インターネット「青空文庫」にも。また注がついたものは『文体』(一九八九年)におさめる)。編集の経緯については、先の辞典からの引用にある要約で済むものであるが、冒頭の、

先人、嘗て、文彦らに、王父が誡語なりとて語られけるは、「およそ、事業は、みだりに興すことあるべからず、思ひさだめて興すことあらば、遂げずばやまじ、の精神なかるべからず。」と

語られぬ、おのれ、不肖にはあれど、平生、この誡語を服膺す。

ということに尽きているといえる。「先人」とは『言海』では「子ノ、亡キ父ヲ称スル語」とあるので、大槻盤渓のこと。その盤渓が大槻に伝えた「王父」（『言海』にはないが、亡くなった祖父の尊称）の戒めのことばをずっと守ってきた、というわけである。ひとたび事業を興したならば、最後までやり遂げよ、と。ここでは、辞書の編纂をひとたびはじめた以上、何があってもやる遂げるのだ、ということになる。

その、「何があっても」のあれこれが、これでもか、というくらいにここでは描かれている。たとえば刊行中・校正中の一八九〇年六月に大槻は校正者中田邦行を脳溢血で失い、一〇月には隣家の火災であやうく原稿が焼失しかける危機にみまわれたうえに、一一月一六日、二一日に次女ゑみ（満一歳）、妻いよ（数え三一歳）を風邪と腸チフスであいついで亡くすなか（いよの没後、机に向かうと校正中の「ろめい（露命）＝ハカナキ命」が開いてあった、というよくできた話ももりこまれている）ようやく完成した、などの辞書編纂物語が展開されている。「自伝」ではこの「おくがき」は「恥晒しのやうなもので、つけるつもりでもなかつたを、不図付けたのであるが、読む人が同情を寄せてくれられるやうで喜んで居る」としている（二三〇頁）。ほかにも、予約販売にしたものの、予定通りに刊行ができず、「大虚槻（おほうそつき）先生の食言海」と書かれた督促状を見せられたりしたという。「食言」とは『言海』によれば「言ヒ契リタル事ヲ違フルコト」という意味であるから、よくできた督促状である。予約販売とは刊行前に代金を払い込む方法であるが、刊行後の定価より安く設定されるので、出版する側は発売前に資金を得ることができ、購入者も得をする、というシステムである。吉川弘文館が予約販売で一九〇八年に刊行した『国史大辞典』をどのような人たちが予約したのか、について調査した興味ぶかい著作もある（佐滝剛弘『国史大辞典を予約した人々』二〇一三年）。

さて、『言海』完成祝宴会における伊藤博文の祝辞を紹介した新聞記事七本が、妻子を失ったくだりを紹介していることに注目した高橋博美は、ここから「言語を絶する編集・刊行」というイメージが拡散されていったと指摘する（「『言海』の刊行をめぐって」二〇〇二年）。そして大槻のいうような「同情」が生じたとみることもできるであろう。

この感動物語は時代をこえる。朝日新聞記者から近畿大学教授となった作家・山内七郎《やまのうちしちろう》（一九一三年〜一九八三年）は、「父が亡くなった時、帰郷して見る本もないままに、たまたま「言海」のあとがきを見て感動したのが契機」となって「小説『言海』」を書いた。「適当にフィクションであり、もちろん篤実な学究大槻博士の伝記実録ではありません。文中筆を曲げたところで御遺族のお叱りを受けることがあったなら、おわびします」とあとがきを付して同題の『小説「言海」』を刊行した（一九六五年）。小説中では、妻ソヨ（実際は、「いよ」）からみた大槻と辞書編纂作業が描かれているのだが、「筆を曲げた」というのは、ソヨが校正作業を手伝っていた青年に惹かれているような描写のところであろう。評論家・唐木順三（一九〇四年〜一九八〇年）などは、山内の小説のこのあたりを「全くなくもがなの甘ったれである」（「「言海」の大槻文彦」『自由』八巻四号、一九六六年四月、一八九頁）と批判している。ただ、妻の胸中として、自分と辞書とどちらが大事なのだろうか、と悩むあたりは、小説ならではの視点であろう。

大槻のこの物語が感動的であることを、山内同様、否定はしない。実際に私も少年の日にこの文章に接し、心動かされたことがある。「およそ、事業は、みだりに興すことあるべからず、思ひさだめて興すことあらば、遂げずばやまじ、の精神なかるべからず」が貫徹されているところに感動するのである。そしてやり遂げたあとでも、『言海』の末尾に「There is nothing so well done, but may be mended」と記すように修正していくことでよりよいものにしていこうという謙虚で前向きな姿勢も示されている。そうはいっても、妻子が亡くなっても、というところに情緒に訴えるものがあるのだろう。もちろん、妻子が亡くなることと、辞書編纂とは無関係である。

辞書編纂に関して語られる物語は、『言海』に限られたものではなく、ウェブスターの辞書やオックスフォード英語辞典に関しても、編者の人生を軸にして描かれている。ウェブスターの辞典に関する辞書編纂物語は、日本語で読めるものとしては、ロリンズ『ウェブスター　辞書の思想』(一九八三年)などが、オックスフォード英語辞典に関するものは、ウィンチェスター『オックスフォード英語大辞典物語』(二〇〇四年)などがある。

こうした辞書編纂物語は、自己犠牲的な偉業として描かれる。諸橋轍次(一八八三年〜一九八二年)の『大漢和辞典』(初版一九五五年〜一九六〇年)も、空襲による組版の焼失、酷使によってほとんど失明に近くなった諸橋、編纂作業を手伝っていた学生が亡くなっても物資不足の折から棺桶探しに苦労したこと、大修館書店社長の子息たちが自らの進路を断念してまでこの事業にとりくんだこと、などなどが本人や編纂作業参加者たちによって物語られていく(諸橋轍次他『私の履歴書』一九六五年、原田種成『漢文のすゝめ』一九九二年、鎌田正『大漢和辞典と我が九十年』二〇〇一年など)。

新村出編の『広辞苑』（初版一九五五年）については、実際に編纂にたずさわった新村猛『「広辞苑」物語』（一九七〇年）、猛の子息の新村恭『広辞苑はなぜ生まれたか』（二〇一七年）がある。新村出の伝記的側面もつよい。一方で編纂の苦労談に特化したものが、NHKでかつて放映されていた「プロジェクトX」シリーズで『広辞苑』をとりあげた回、「父と息子　執念燃ゆ　大辞典」（二〇〇一年六月一九日放映）であった。のちに、NHKプロジェクトX制作班編『プロジェクトX　挑戦者たち10』（二〇〇二年）に文章化されて収められている。プロジェクトXという番組に関していえば、とりわけ「もの作りのテクノロジー」を中心として「ひとにぎりの天才の閃きではなく、「普通の人々」のたゆまぬ努力と創意工夫のうえに成し遂げられた成功物語」であり、そしてその成功物語は決して未来には開かれず、過去へとむかうノスタルジックなナショナリズムを喚起するのだという指摘がある（阿部潔『彷徨えるナショナリズム』二〇〇一年、一六九頁）。「たゆまぬ努力」という点が大槻と重なるが、辞書編纂物語も時代によりそうものといえる。

そのほか、たとえば、『日本国語大辞典』の第二版の完結（二〇〇一年）をはさんで、初版の編集長をつとめた倉島長正は一九九七年に『「国語」と「国語辞典」の時代』上下二巻を刊行した。上巻は『言海』、『大言海』、『大日本国語辞典』、『辞苑』、『広辞苑』といった中型辞書と、百科項目をとりいれた辞書の編纂についての議論、下巻は副題を「『日国』物語」としているように、自身が編集の中心となった『日本国語大辞典』の初版の作業工程などについて詳述している。さらにこの上下巻を縮約し、『日本国語大辞典』第二版についても頁をさいた、『日本語一〇〇年の鼓動』（二〇〇三年）を刊行している。

また、『大日本国語辞典』（一九一五年〜一九一八年）の著者・松井簡治（一八六三年〜一九四五年）の孫の松井栄一は、簡治が増訂のためにのこしていたカードをもとにして『日本国語大辞典』を編集したいという話があったことから、この辞典の編纂に関与するようになる。そうしたことを、祖父や父のエピソードをまじえてまとめたのが、『出逢った日本語50万語』（二〇〇二年）である。より簡便なものとして、『日本人の知らない日本一の国語辞典』（二〇一四年）がある。

あるいは、『大辞林』（松村明編、一九八八年）の初版の編集長をつとめた倉島節尚は『辞書と日本語』（二〇〇二年）を刊行し、辞書づくりの手順などを概略的ではあるが、担当者ならではの解説を加えている。

序でもふれたが、三省堂の『明解国語辞典』（初版一九四三年）、『三省堂国語辞典』（初版一九六〇年）、『新明解国語辞典』（初版一九七二年）、それぞれについての編纂過程や人間関係をインタビューなどで追った、柴田武監修・武藤康史編『明解物語』が刊行されるなど、実際に編纂にあたった側、あるいはそうした人物を軸にした、辞書にまつわる書籍が刊行されている。また、『三省堂国語辞典』の改訂にたずさわった飯間浩明は『辞書を編む』（二〇一三年）を、『広辞苑』や『岩波国語辞典』（初版一九六三年）の改訂にかかわった増井元は『辞書の仕事』（二〇一三年）をあらわすなど、編者ではなく、編集者が感動物語でもなく、語釈や用例探しのむずかしさなどについて語る形の書籍が近年は目立つ。編者の人生はともかく、編集者のテクニックなどに興味関心が焦点があつまっているといえようか。

このように編集者の立場から本が頻繁に書かれるようになったのは、おそらく、二〇一二年本屋大賞を受賞した三浦しをんの小説『舟を編む』とその映画化（石井裕也監督、松田龍平・宮崎あおい主演、二〇一三年）の影響もある。小説のタイトルは、ことばの海にこぎだすための舟をつくる、という意味であるから、『言海』を念頭に置いていることはまちがいない。辞書編纂物語が、映画であるから感動的に描かれる（そして、人が亡くなる）。地味で地道な辞書編纂という仕事が世間にある程度認知された、ということが編集者の辞書本という形であらわれてきたとみてよいだろう。小説刊行後には、雑誌『ユリイカ』（四四巻三号、二〇一二年三月）が「辞書の世界」を特集している。

それぞれに、貴重な記録・記述として読むことができるのではあるが、たとえば、「日本人なら知っておきたい国語辞典誕生のいきさつ」（『日本語一〇〇年の鼓動』の副題）や「日本人の知らない日本一の国語辞典」などというタイトルをみると、各々の内容はともかくとして、辞書に何が期待されているか（あるいは期待されていると思っているか）がわかる。

ともあれ、辞書の編纂にはある種の物語がつきまとうものだ、ということをはじめて示したのが、「ことばのうみ　の　おくがき」であったとはいえるだろう。

Ⅲ
『言海』からみる世界

国語学者・湯浅茂雄は、明治書院刊行の『日本語学』(二〇一六年四月)の特集「人物でたどる日本語史」で「大槻文彦」の項目を執筆している。そのなかで、日本語史にとって大槻文彦が欠かせない理由三点をあげている。

近代国語辞書の嚆矢となる辞書を初めて完成させたから
以後の規範となる日本語文典を初めて完成させたから
後の口語研究の可能性を拓いたから

前二者については、Ⅰ章でみたように、上田万年、保科孝一など国語学者がひとしく認めるところである。口語研究についてはのちにふれるが、この二点について、国語学者以外はどうとらえているのだろうか。日本語研究にとって欠かせないもの、という以外の観点である。『言海』のとらえる世界がどのようなものであったかを考える糸口にしてみたい。

表象空間のなかの『言海』

たとえば、仏文学者・批評家の松浦寿輝は、『言海』の歴史的意義を、辞書の部分の「網羅性」と、巻頭に配された「語法指南」が示す「システム性」に求めている(『明治の表象空間』二〇一四年、二八二頁)。『言海』が「普通語」についての辞書であるということはすでに述べたが、そのことを松浦は重視する。つまり、実際、そこに収録された語彙の大部分を占めるのは、当時の「普通」に教養ある日本人ならば直感的に理解可能なものばかりだと言ってよい。ただし、意味を直感的に理解していることと、それを正確に定義する簡潔明快な——すなわちこれもまた「普通」の——文章を書き下ろすこととの間に、天地の隔たりがあるのは言うまでもない。大槻は、「普通語」を「普通」に記述する或るメタ言語の文体を創始したのである。しかも彼は、それを「普通語」の全体に対して網羅的に行なった。〔……〕この徹底的な網羅性こそが『言海』をめぐる学知の歴史において画期的なモニュメントたらしめているのである。（二八四頁、傍点原文）

Ⅱ章でみたように、「普通」であることにはさまざまな留保をつけなければならないが、「普通」の教養ある日本人ならば理解できた、という点はさほど外れた指摘ではないだろう。「メタ言語の文体を創始した」というのは、『言海』の「本書編纂ノ大意」（三）にある「日本語ヲ以テ、日本語ヲ釈キタルモノヲ、日本辞書ト称スベシ」をふまえている。一対一対応でいいかえるのではなく、ことばを説明するためのことば、という「メタ言語」の創出に松浦は大きな意味をみいだしている。さらに、網羅性こそが「学知の歴史において画期的なモニュメント」なのだという（網羅性については後述）。「メタ言語」のとりわけ「文体」というものがどのようなものなのかが、わかりにくいのではあるが、そういう見方もあるのかととりあえずは思う。

そしてさらに、「語法指南」については、「西欧語の文典の枠組みに則りつつ、〔……〕日本語の固有性をも可能なかぎり論理的な法則性によって統御しようと試みて、それにほぼ成功した、きわめて優秀な出来栄えのものである。用語も分類法も今日一般的に通用しているものとほとんど同一であり、要するに日本語文法は有用性の高い合理的システムを、『語法指南』によって初めて賦与されたと言ってよい」と高く評価する（二八六頁）。

その一方で、具体的な「語の説明も用例もとりたてて「近代的」でも学問的でもなく、知的革新の衝撃を波及させるような種類の記述は皆無である」とする。これはⅡ章でもみたように、近世辞書からの影響の大きさを指摘しているもののようである。創出された「メタ言語」とはこのことだろうか、と若干思うのであるが、その結果、「形式と内容」によじれが生じることとなり、そのよじれに、「明治初期から中期にかけて日本の表象空間が置かれていた歴史的文脈それ自体の特異性を透視すべきなのである」とし、このよじれから生じる葛藤と混沌が、「日本の表象文化史の他のどの時期にもない豊饒で魅力的なテキスト群を産み出しえた」のだとする。『言海』は最後まで読み通そうとする読者はいるが、『広辞苑』ではいないではないか、と（二九五、二九七、二九八頁）。

近世の土台のうえに構築される近代、というようにとらえればよいのであろうが、ひとついっておきたいのは、辞書を通読するのは趣味の問題でしかないということである。

「言海システム」——網羅と排除

ともあれ、この網羅性とシステム性を「言海システム」と松浦は名付ける。つまり、「語法指南」という文法がもつシステムにしたがってことばを網羅していく、ということに着目するのである。やみくもになんでもかんでも網羅していくのではなく、文法というシステムに沿って、システマティックに網羅していく、というイメージであろう。ただ、その文法も、洋文典の影響をうけたものであり、システムという点では西洋近代の統治技法を連想させなくもない。大槻の文法が広く受けいれられたのは事実であるが、もちろんそのことをもって、このシステムの完全性をいうことはできない。

しかし松浦は、この「言海システム」が優秀であればあるほど、その「理性の範疇に属さないものを根こそぎ排除」することになる、と指摘する（三〇二頁）。システムが本来的にもつ問題に注意を払うべきだ、ということであろう。

ことばを網羅する、ということは理念的にしかおこないえない。すでに述べたように実際に大槻は『言海』出版に際してかなりの分量を原稿から削除している。それでも「網羅」といいきることができるのはなぜだろうか。これはたとえば、『三省堂国語辞典』を編纂した見坊豪紀《けんぼうひでとし》が記述的立場から用例をあつめたカードが百万枚になったとしても物理的に辞書に反映しきれないという意味ではなく、ことばはそもそも網羅できない、ということである。人がことばを用いている以上、ことばは日々生まれ変化し消滅していく、とことばの研究者であればひとしく思うはずである。もちろん、『言海』は「抽象的な「国語システム」の自己同一性を正当化しその作動を発話の現場で支える一覧表であった」とし、網羅することを要請はするものの「それはむろんファンタスム〔幻想〕にすぎない。が、それは人々によって信じられたファンタスムである」としている（六五六、六五七頁。傍点原文）。「網羅」ということばで「表象」されるものとは何か、ということを考えるべきだ、ということだと思われる。

抽象的であれ「網羅」することができると考えることがポイントになるのだが、松浦は同書の別のところで「網羅性」に関して、明治初期の刑法である「新律綱領」にもとづいて論じている。そこでは犯罪の種類をできるかぎり挙げ、それに対応する処罰を連ねていくという「刑法規定の網羅性」をいうのであるが、もちろん人は刑法に沿って罪を犯すわけではない。その場合はどうするのか、というと「その他」に相当する項目を設け、「罪刑法定主義をあからさまに裏切」ってまでも「完全にして網羅的である自己を誇示していなければならない」（一〇七―一〇八頁）としている。この刑罰に関する法律が、中国的「律」から一八八二年施行の西洋にならった刑法（旧刑法）にかわる。そこでは、より一般化・抽象化・単純化していくことになる――システマティックな網羅を可能にする――という点で、つまり、システムの効率性、近代性という点で、「語法指南」と比せられてもよいのであろう。

このほかにも戸籍という形で国民を網羅（それは徴税と徴兵のためである）することなどが同書では論じられている。

「網羅している」ということに意味があるわけであるが、これはこれでまた別の問題をひきよせることになる。松浦は「言海システム」についてこう述べている。

> 「日本普通語」総体の極めつきの表象としての「言海システム」が社会にもたらしたのは、日本語と呼ばれるべきラングが潜在的に実在するという確信である。理性的に基礎づけられたシステムとしての「日本語＝国語」がたしかに在り、それを用いて意見表明なり意思疎通なりを行なう

個体一人一人が、その行為の十全な遂行を通じて「日本人」であるところの自己を確認し、その国籍の自己証明を誇りうるようになったとき、明治日本が諸国家に伍して立つ一ネーション・ステートとして存立することの基礎条件の一つが文化的に整ったと言える。〔……〕今や「日本」のナショナリティを定義し確証し、さらには価値化し宣揚しさえする、高度に政治的な「装置」として機能するシステムなのである。(三〇九頁、傍点原文)

「言海システム」がなしとげた「整序と合理化によって、日本語は以後今日まで続く或る抑圧の機制を抱え込んでしまったとも言える。システムとは、現実に対する働きかけとしての具体的実践の脱=意味論化や中断のプロセスによって形成されるものだという初発の事実が忘却され〔……〕ひとことで言うなら「理性的」な実践なのだという錯誤が瀰漫してゆくことになるのである」(同前、三一〇頁)と。

網羅と規範化

なにやらこむずかしいのではあるが、序で引用した上田万年にもどって考えてみよう。上田は「一国全体の語を網羅」した「一国の大辞典」が必要だと述べていた(「日本大辞書編纂に就て」)。ただ、『言海』刊行直前のことであり、『言海』がそれにふさわしいかどうかの判断はしていないものの、期待していたと考えてよいだろう。だがはたして、「一国全体の語を網羅」することが可能なのかという問いを上田は発することはなかった。それは「文明国標準」として必要なものなのだから「可能だ」と思いこまざるをえなかった、といいかえてもよいだろう。網羅することは不可能なのにもかかわらず、可能だと思いこむために必要なことは、網羅できなかったことばが「一国全体の語」にふさわしくない、とすることだろう。

大槻は「普通語」というくくり方をし、そこに「方言」「雅語」などをもりこんでいったが、物理的な問題もあるものの、「網羅」をすることはできなかった。しかし、本章でもみるように「宝典」などと宣伝されれば、「網羅」しているかを実際に確認するようなことはなされないだろう。あたかも「網羅」しているかのように思わせること、あるいは「選択的網羅」といってよいかもしれないが、この方向をつきつめていくと、辞書に正しいことばが載っている、辞書に載っていないことばは正しくない、という認識が生まれてくることになる。辞書の規範化であるが、これはあるいは松浦のいう「抑圧の機制」に相当するのかもしれない。松浦は「明治中期における「言海システム」の出現が言説空間にもたらしたものは、ひとことで言うなら、国民的規模における規範意識の導入である」ともしている（三二一頁）。

ともあれ、序の冒頭で述べた、辞書の記述をアクロバティックに組みあわせて「そもそも＝基本的に」としたことも、辞書に正しいことばが載っているという認識にもとづいたものであった。

文語文典から口語文典へ

次に、本章冒頭で湯浅が指摘していた、大槻が「後の口語研究の可能性を拓いたから」という点について考えてみたい。大槻が口語について論じるようになるのは、基本的に『言海』後のことである。

それでもまずは、一八七五年の「日本文法論第一」にたちかえってみたい。このなかで、日本語の文典のないことが対外的に外聞が悪いと述べていたことはI章でふれた。そこでは「古言ノ文典」はあることはあるが、品詞は「名詞動詞形容詞及ビテニヲハ」を論じるのみで「代名詞副詞接続詞感詞等ハ或ハテニヲハニ混ジ或ハ更ニ品別スル所ナシ」とし、活用にしても動詞・形容詞ばかり論じており、完全な文法書がないことを嘆く。

一方、「古言」に対する「今言ノ文典」はそもそも書かれておらず、論者のなかでも「古今ヲ折衷」すべきだ、いや「普通ノ俗語」にもとづいて文法を書くべきだと議論がわかれ、表記にしても漢字かなまじり文やかな専用論、ローマ字専用論、表音表記論など諸説ある、とする。そこで大槻自身の見解が述べられるのだが、「我日本ノ人種ハ他ノ諸外国ト違ヒ古来ヨリ外国ノ種ヲ交ヘシコトナクシテ固ヨリ同一人種ノ只歳月ヲ経ルニ随ヒ言語ニ幾許《いくばく》ノ変革ヲ生ゼシノミノコトナレバ今言ノ原ハ皆古言ニ出デシコト昭々タリ」と述べている。日本人は昔から同一人種なのだから、「今言」のもとは「古言」にある、そして「古言」は「純素ニシテ語格整斉」なのだが、そこから変化した「今言」は「繁雑ニシテ訛謬モ亦百出」している。したがって、まずは「一大全備ノ古言文典」を編纂し、それを基礎として「漸次ニ今言文典」を編纂するという順序でおこなうべきである、と主張する。表記については、現行の漢字かなまじりでよいとし、文法が定まってから、文字を変えていくかどうかの議論をすればよい、としている。「古今ノ折衷」か「普通ノ言語」をもってするか、「一定適当ノ説ヲ得ルコト実ニ是レ一大難案」で結論を得るには時間がかかるが、議論よりもまず「編作ニ起業センコトヲ希フナリ」と作業をはじめるべきことを提唱してこの文章をおえる（「日本文法論第一」一八八五年一〇月）。

のちに示される大槻の認識では、「文章ニ記ス言語ヲ文語トシ、談話ナルヲ口語トス」としていて、平安時代まではこれが一致していた、つまり談話がそのまま文章に記されていたものの（もちろん、漢文は文章に記す言語であるが、別物である）、それ以降、文語が固定化し、口語が流動化していくとしている（『口語法別記』一九一七年、「例言」三頁）。明治の言文一致運動とは、これらが一致しているかのような文体をつくりだすことであったが、明治初期のこの段階では、「古言」と「文語」そして文章語は同じであった。一方の「今言」は、いま現在の談話、すなわち口語のことと考えてよいだろう。大槻は、「持論は、言文一致にあり」と明言している（『広日本文典別記』序論、二六頁）が、いかなる文体を構想していたのかといえば、「雅俗の中間」文体にも関心を示していたように、「今言」ばかりにもとづいたものだけで考えてはいなかったらしい（鈴木広光「解説」『復軒雑纂1 国語学・国語国字問題編』三〇七―三〇八頁）。

大槻の文体は多様である。たとえば、一八七五年の「日本文法論第一」でのような文体は、『言海』の語釈や「語法指南」などにも生きている。あるいは一八八三年一〇月「仮名の会の問答」（『朝野新聞雑報』）では、「かなのくわい発起以来、世の久しき習ひを破る業なれば、定めて世間の批難多かるべしと、答弁の太刀矢種玉薬を貯へ、手ぐすねひいて、日に待受くれど」といった和文体もあり、これは、『言海』の「ことばのうみ　の　おくがき」で駆使されている。『言海』刊行後は、「自分は、明治十六年に起ッた仮名の会の発起人の一人である」（「仮名と羅馬字との優劣論」一九〇〇年五月、『復軒雑纂』五二八頁）というような「である体」が加わる。これは講演の筆記ではないので、こういう文章を書いてもいたということである。

ともあれ、大槻は、一八七五年の宣言の通りに、文語文法からはじめて口語文法を編纂していくことになる。それでも、一八九七年の『広日本文法別記』では、この文典の対象は文語であり「口語ノ語法モ、制定スベキナリ」と今後の課題として指摘されるのみであるが、一九〇二年の国語調査委員会への参加を通じて口語文典を編纂するようになる。その過程において、口語の多様性をどのようにまとめていくべきか、どういう標準を定めるべきかという問題にも直面する。

この点について論じる前に、大槻が口語に求めたもうひとつの役割について述べておきたい。口語研究のもつ政治性が、ここからあきらかになる。

同化と口語

一九〇四年七月、日露戦争で日本軍が四ヶ月半にわたる旅順攻囲戦に突入する前月、大槻文彦は、国学院卒業式の「演説」において以下のようなことを述べた。

先づ人の国を取れば、その国の人民を日本語に化せしめるが第一であります。日本は十年前に支那から台湾を取つたが、その人民に向つて日本のどの言葉を教へてよいやら分らないで、盗人を捕へてから縄で俄かに話言葉の規則を拵へて教へて居りますが俄か仕事で十分ではありませぬ。これから日本の風化を朝鮮満洲に発展させるのには第一が言葉ですが、日本のどういふ一定の話言葉を行はしめようか方向が立たないで居ります。(「国語の発展について」『国学院雑誌』一〇巻八

号、一九〇四年八月、八―九頁）

文中の「風化」とは『言海』には「政治教育ナドニテ、人人ノ風儀ノ善ク変化スルコト」とあり、「風儀」とは「風習《ナラハシ》ノシツケ」とある。おそらくは日本化するということをいいたいのだろうが、そのためには日本語のはなしことばを教える必要がある、しかしながら一八九五年に台湾を「取つた」ときには、教えるべきはなしことばの基準と規則が定まっておらず大変であった、いまでも状況は変わらないと嘆いているわけである。そこで国学院の卒業生に向かって「諸君はこれから先きは色々な方面に向つておやりに成りませうが此の話言葉に就いて研究し遂にこれを海外に普及させるに尽力する事も非常な急務であるといふ事をお考へなされておかれたいと思ひます」という希望を述べてこの演説をしめくくっている（九頁）。

また、大槻はこの二年前の一九〇二年九月、埼玉私立教育会第二〇回総会でも「日本では国言葉、即ち日本国の話言葉と云ふものは決つて居らぬ、〔……〕話言葉の国言葉と云ふものは殆ど無い」、つまり統一されたはなしことばが存在しない（「言文一致標準語に就て」一九〇二年一〇月、二頁）、としたうえで、一九〇四年の演説と同じようなことを述べている。

新に敵から取つた台湾などでは土民の言葉を変へるのが専一である、殊に其小児に向つて言葉を変へさせねばならぬ、文章言葉を教へて文章が書けるだけでは話が通ぜぬから話言葉を教へねばならぬが、其規則が無い、関東の教師は関東の言葉で教へ、大坂から行つた教師は大坂の言葉で教へると云ふことでは台湾の小児は迷惑である、それからして日本が盛んになれば朝鮮なり支那なり呂宋安南なりドコへでも盛んに出て貿易をせねばならぬからそこらの国々まで日本言葉の通用が出来るやうにせねばならぬ、さうすれば戦争貿易外交の上に非常な利益である、けれども今日本言葉を学ばせようと思つても話言葉の文法が更に立つて居らぬ、随分不都合な話である（七―八頁）

「専一」（せんいつ）は『言海』に「唯是レノミトスルコト」とある。よって、「土民の言葉」を変えるほかはない、ということだろう。なお、これも「演説」である。演説になると雄弁になる、という側面もあるだろうが、教師のはなしことばがまちまちであったら教わる方も迷惑だろう、という指摘はもっともな面もある。現に、大槻が設定しようとしたはなしことばの標準とその法則が教員に共有されなかったために植民地でさまざまな日本語（日本人教員によって「変態的国語」「台湾的国語」などと呼ばれた）が発生したとはいえる（詳しくは、安田敏朗『かれらの日本語』二〇一一年を参照）。

しかし、問題は「人民」であれ「土民」であれ、かれらがどういうことばを話しているのかまったくお構いなしに、日本のはなしことばを話させることを、「戦争貿易外交の上に非常な利益である」から当然とみなしている点にある。帝国主義的暴力を気づかずにふるっていた、といってもよいだろう。もちろん、当時はそういう時代であった。だからといって大槻がこうした発言をしていたことを忘れてよいわけではない。

そして、これから四〇年後、「呂宋安南」、もう少し広くとれば、東南アジアにおける「日本言葉の通用」(させようとしたこと)が現実のものとなっていく。「戦争」での利益とは何を意味するのであろうか。日本語はあまり重要ではなかったが、東南アジアの人びとの軍属としての戦争への動員という形で現実のものとなった、ともいえる。

松下大三郎の口語研究

なおちなみに、一九〇四年の国学院の卒業式で大槻は、卒業生にむかって口語を研究しそれを海外で普及する人材が出てほしいと述べていたが、六年前の一八九八年に国学院を卒業した松下大三郎(一八七八年〜一九三五年)が、一九〇一年に『日本俗語文典』を刊行している。これは一八九九年から雑誌『国文学界』に連載したものに手をくわえたものであった。その「例言」においてこの書は「我が大日本帝国の口頭語を研究」したものであり、これまでだれもこれを研究するものがなかったとしたうえで、「本書は真に日本俗語文典の嚆矢なり」と高らかに宣言している(「例言」一―三頁)。若さゆえのことばかもしれないが、初の体系的口語文法書として国語学界では位置づけられている。

また「総論」では、「我が国語」のうち「談話に用ゐるもの」を「口語又は俗語といふ」としたうえで、「東京の中流に行はるゝものは最広く通じ、他日我が標準語となるべきものなれば、之を以て我が口語を代表せしむること難からず」(「総論」一―二頁)としている。

大槻は松下のこの著作にふれることはない。一九〇四年の時点で、すでに口語研究をしている卒業生がいるのであるから、なにか言及してもよさそうではあるのだが。

松下は、国学院在学中に最初の文法書『中学教程日本文典』(国学院同級生の宮本静と共著、中等学科教授法研究会、一八九八年）を刊行したが、これは口語文典ではないが、大槻文彦の推挙によって刊行が可能になったともされている（塩沢重義『国語学者松下大三郎博士伝』一九六一年、一五頁)）。

一方で、この前年に雑誌『新国学』に三回にわたり、出身地のことばを分析した「遠江文典」を掲載している（未完）。「方言」に文法をみるという視点はこの当時にあっては珍しいものであった。この冒頭は、「国語は国家統一の一大要素なり。苟しくも一国家をなす、豈に標準語なくして可ならむや」とはじまるものの、「我が国の標準語は、殆《ほとんど》無名無実にして、文章語は各地に通すれども、之を口に語るべくもあらず。東京の語は殆各地各人に通すれど、未だ以て直に之を標準語とはなすべからず」としているように、標準語の未確立を指摘（東京の語が通じるというだけでは不十分である点の説明がほしいところだが）、「標準語を定むる前には、各地方の方言を研究する必要あるを思ふ。且日本人自国の方言俗語を研究せる者無しとせば、外人に対しても頗《すこぶる》恥づべきことならすや」と、方言研究の必要性を説き、内地雑居（一八九九年）を前にして「方言俗語を研究して外人に便するも亦可ならずや」ともしている。

ただし、実際の記述は「遠州の語法を悉くかゝぐるにはあらずして、東京の語法と異なる所をのみ順序をたてゝ記するに過ぎず」というものではあったが。「方言」の研究からどのようにして標準語の成立につなげていくのかという点が不分明ではあるが、『日本俗語文典』で標準語の候補として東京中流の口語を設定する前の松下の姿をみることができる（「遠江文典」一八九七年四月、三四頁）。

その後松下は、同級生の渡辺文雄とともに、和歌の集成・索引である『国歌大観』（一九〇一年～一九〇三年）を刊行、国学院大学教授となり、口語法研究の深化は『標準日本口語法』（一九三〇年）として結実する。

はなしことばの一定のために――「です」への嫌悪から

ここで、大槻がはなしことばの多様性に直面した点にもどる。一九〇〇年前後の時期に「話言葉の国言葉と云ふもの」、つまりは全国的に通用するはなしことばが確固として存在していると断言できない、と大槻はいう。東京の中流がつかっている口語がもっとも広く流通しており、それを土台にして標準語をうちたてよう、という松下よりは慎重であったのかもしれない。

大槻は「文章言葉には一定のものがあつて兎に角今文章手紙を書いても日本中一定のもので通じて居る」（「言文一致標準語に就て」二頁）とも述べているが（ただ、「文章言葉」を誰もがつかえるわけではないことにふれることはない）、それだけに「話言葉」の一定とそのために「言文一致」が要請されるのだ、と話を進めていく。

そうしたなかで「話言葉の文法」をつくるには、「東京言葉を標準」にすればよいという簡単なものではなく（それは「東京言葉」が多様であり「訛」もあるからだという）、「八百年この方の話言葉の移り変りを一通り調べねばならぬ、それは縦に八百年ばかりの移り変りを調べ、横には又北海道琉球を除いて五畿七道の方言ぐらいは調べて、それからして漢語等を斟酌して新に文章を作らねばならぬ」（八頁）とする。

この「言文一致標準語に就て」と同じく一九〇二年の談話「国語改良の話」でも、「東京言葉を穿鑿するならば、どうしても京都言葉を一応調べて、参考とせねばならぬ」（六頁）とし、江戸時代そして明治維新以降の人の移動と東京言葉の形成とをあわせて考える必要性を強調している。この談話で示されるのは、大槻の「です」に対する嫌悪である。

> 又今の東京言葉には、維新の際所謂官軍に依て作られたものが多い、即ち薩長土肥の武士等が、江戸に侵入して、其の勢に乗じて快楽も縦《ほしいまま》にし、芸妓と遊び、幇間と戯れるといふことも盛んであッた、其のとき芸妓或は幇間などの言葉を聞いて、彼等は直に之を江戸言葉と思つた、夫《そ》の「デス」「デセウ」の如き下劣な言葉が、即ち夫れである、彼等は好でそんな言葉を学び、また是れに似せて、「サウデアリマス」などいふ言葉を作り出した「サウデアリマス」などいふ言葉は、江戸にはなかッた、かやうに江戸言葉のまがいを彼等が作り出して、それに諂《へつら》ッて地の者もその口真似をするやうになッて、それが今日の上流社会をはじめ、一般に用ひらるゝ様になつた、此の如く今日の東京言葉といふものは、種々の関係より成立ッた、頗る混雑して居るものであるから、直に之を以て、大日本国の標準語とするなどいふことは、とても出来ぬ、実に日本の言葉は、都鄙共に非常に混雑して居るから、之を調べて、国語を一定するといふことは、迚《とて》も容易のことでない。（六頁）

薩長政府への微妙なわだかまりがみてとれるあたり、大槻は「仙台旧臣」とはいえ、やはり江戸育ちであることを思わせる。「下劣な言葉」といいはなつあたり、正直といえば正直である。

いわゆる「廓言葉」の丁寧語としては「いす／んす／えす／す」などが有名だが（湯沢幸吉郎『廓言葉の研究』一九六四年）、「です」も「だ」の丁寧体として「主として花柳界の男女がつかうが、万延頃〔一八六〇年前後〕すでに一般にもある程度ひろがっていた」とされている（『江戸語大辞典』一九七四年）。大槻にとってみれば、「花柳界」という出自があきらかな「下劣な言葉」だったものが、普段耳にするようになったものとして認識されていたものと思われる。

しかしながら、一九一一年の文章では、江戸時代の「です」は「軽薄な口調の「でげす」と同じで、芸人の咄家、太鼓持、芸者、又は吉原の茶屋女がつかつた、卑しい言葉」としてとがめられたものであった、としながらも「言葉と云ふものは、生きて居るもので、伸びたり、縮んだり、生れたり、死んだり、昔の雅言の、纔《わずか》に方言に行き残つて居るやうなものもあるし、卑しい言葉が雅言ともなる。不思議なものだ」（「です言葉」一九一一年六月、六七、六八頁）とある種の感慨のもとにことばの変化をそれとして受けいれるようになる。田鍋桂子も指摘しているように、大槻は『口語法別記』（一九一七年）などで結局は「口語」として「です」を認め、自身も気がつかずにつかってしまうものとなっていった。ここに大槻の「現実主義、実利主義」的側面をみている（田鍋桂子「大槻文彦の著述――「です」の使用をめぐって」二〇一一年）。「現実主義」というよりも、ことばのあり方を率直に認めたというくらいのことであろう。ちなみに、『言海』には「です」は立項されていない。

ともあれ、一九〇二年の「国語改良の話」では、ことばが変化することを認識したうえで、「国語の一定」のためには、比較的一定している「文章言葉」をとりいれることにしたいと述べている。しかし、その「文章言葉」にしても「維新前よりは大変に悪くなり、六ヶ敷なつた」という。なぜなら、漢学書生が漢語をむやみにつかうようになったからであり、「むづかしい漢語は学者言葉といふもので、決して日本普通の国言葉といふものではない」と明治になって急増した漢字語の乱用を憂えている（「国語改良の話」六頁）。先の「言文一致標準語に就て」と同様の主張である。

ちなみに、『言海』では、漢語は一万三五四六語採録され、全体三万九一〇三語の三四・六％を占めている。当時のほかの辞書にくらべて漢語の割合が低いとされているが、出版に際して漢語をかなり削除していったことが指摘されている（今野真二『「言海」を読む』六六頁）。削除した漢語が、漢学書生のむやみにつかうものであったかどうか判断はつかないが、そうした観点で削ったものもあったであろう。「日本普通の国言葉」とはいうものの、その「普通」の範囲が定めがたいことをあらためて思う。

今野はまた、明治期の漢語辞書一六点と『言海』採録の漢語がどのくらい一致するのかを『言海』「せ」の部の二字の漢語百語を対象に調べている。その結果、「一万語から二万語規模の漢語辞書と、『言海』が見出し項目とする漢語にある程度の「ちかさ」「重なり合い」があることがわかる」としている（『『言海』と明治の日本語』二四四頁）。

漢語の多用は避け、一定したはなしことばの設定を求める大槻の姿をみることは可能であろう。

『口語法』『口語法別記』へ

こうしたはなしことばの一定にとっての大きな動きは、Ｉ章でもふれた、大槻も委員の一人となった文部省の国語調査委員会（一九〇二年～一九一三年）によって一九〇三年におこなわれた調査である

（図1）。これは各府県、師範学校、教育会などにアンケート方式でおこなった口語法の調査である。大槻の国学院卒業式での演説はこのころのことであり、それなりに実感のこもったものだったと思われる。この演説のなかで大槻は、「国語調査会」において「話言葉に一定の規則を立て〻国語を統一せしめよう」としていると述べている（「国語の発展について」九頁）。

その後、この調査結果は『口語法調査報告書』（別冊として『口語法分布図』）としてまとめられた（一九〇六年刊行）。この報告書や文献をもとに、大槻が主査委員として作成したものが、国語調査委員会編纂『口語法』（一九一六年）、『口語法別記』（一九一七年）であった。一九〇四年の国学院の演説ではなしことばの基準と規則がないことを嘆いた大槻自身がその答えを出した、ということになる。

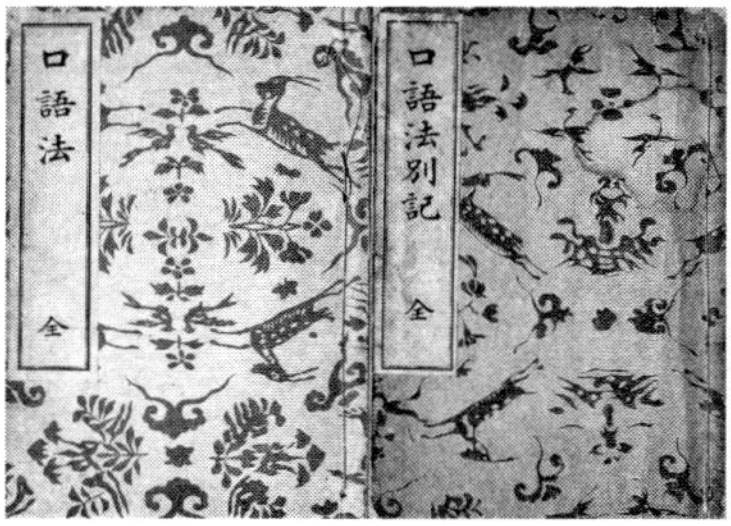

図1　『口語法』1916年、『口語法別記』1917年、表紙

『口語法別記』の「例言」をみると、『口語法』の原稿は一九〇四年に起草、一九〇六年に脱稿した旨が記されている。田鍋桂子によれば、これは大槻の初案に対してなされた国語調査委員会での議論を大槻がまとめたもので、原稿は「議案日本口語法」と題されて国語調査委員会で審議され、さらに大槻が修正、委員会で審議、再度大槻が整理し刊行に至ったとされている。ただ、刊行された『口語法』は、国語調査委員会の最終決定稿ではない可能性が高いという（「国語調査委員会編纂『口語法』『口語法別記』の位置づけ」二〇一四年）。

それはともかく、大槻は、一九〇六年には「話し言葉」、とりわけ動詞の活用の地域・階層による多様性を指摘し、「話し言葉の随分困難なと云ふこと」を述べている（「口語の八衢」一九〇六年六月、三七頁）。そうした点もふまえて作成した『口語法別記』には「口語ノ一々ニ就キテ現在各地方ノ差異、及ビ八九百年来ノ語体ノ変遷ヲ附記」（「例言」）しており、一九〇二年の演説「言文一致標準語に就て」で述べたことを自ら実行したことがわかる。

総じていえば、「大槻のあるべき「口語」とは、規範的な性格を持つものであり、選択され、整えられたことばであった。〔……〕未来に現実化すべき、目指すべき理想の言語、それを「標準語」と呼び習わしていると考えられる」という田鍋桂子の指摘で十分であろう（「大槻文彦の標準語観」二〇一五年三月、一〇頁）。こうした形ではなしことばを整えていこうとしたのである。

それでは、「土民の言葉を変へる」ための「話言葉」という位置づけは『口語法別記』ではどうなっているだろうか。同書の「端書」から引用する。この部分は『復軒旅日記』の記述から、一九一七年一月に避寒先の伊豆・蓮台寺温泉で書かれたと思われる（一七九頁）。

東京わ、今わ、皇居もあり、政府もある所で、全国中の者が、追々、東京言葉を真似てつかうようになつて来て居るから、東京言葉を、日本国中の口語の目当とするがあたりまえのことゝ思う。〔……〕東京の教育ある人の言葉を目当と立て、そうして、其外でも、全国中に広く行われて居るものをも酌み取つて、規則をきめた。かようにして出来たのが本書の口語法である。台湾朝鮮が、御国の内に入つて、其土人を御国の人に化するようにするにわ、御国の口語を教え込むのが第一である。それに就いても、口語に、一定の法則が立つて居らねばならぬ。口語法わ、実に、

今の世に、必用なものである。（『口語法別記』一九一七年、「端書」、二─三頁）

いうまでもなく、韓国併合は一九一〇年のことである。「目当」とは『言海』の語釈では「標準」とあり（「標準」をひくと「メジルシ、メアテ」とある。堂々めぐりである）、「土人」は「其国土ニ生レツキタル民」のことで、現在の差別的ニュアンスはまだない（「土人」の「未開」イメージは明治末から大正にかけて浸透していったという（中村淳「〈土人〉論」二〇〇一年））。そして多様な「東京言葉」のなかから、やや抽象的ではあるものの、「東京の教育ある人」のことばを口語の「標準」とすることが宣言された。その口語を教えこむことで植民地の人びとを「同化」するのだが、口語の法則がなければ教えることもできない、だから口語法が「必用」（『言海』では「必ズ用キルベキコト。無クテ叶ハヌコト」とある）なのだという主張がここでも一貫していることを確認しておきたい。「教えこむ」ものとしての口語といいかえてもいいかもしれない。

曖昧な同化

そもそも、口語を教えれば「同化」できるのか、という素朴な疑問が残る。そして「同化」とは何なのか。大槻は明確に述べていない（『言海』に立項はない）。ただ、一九〇四年の国学院卒業式で大槻に先立って演説をした国学者・丸山正彦（一八五九年〜一九一四年）が次のように述べていることは示唆的である。「我が国語を東洋に充塞せしめねばなりませぬ。〔……〕国光の宣揚と共に、朝鮮の京城なり平壌なり支那の北京なり南京なりに此の国語を普及せしむるのは、我が国学院卒業生の任務であらう」としたうえで、日本が「東洋」で「卓立して居る」のは「三千年来の歴史を持つて居る」からであるけれども、「朝鮮人」や「支那人」は「その歴史は新に作る事は出来ますまい」とする。しかし、「歴史の精神に至つては、朝鮮人をも支那人をも感化することが出来ませう」としていく（「卒業生諸君に望む」一九〇四年八月、二—三頁）。

つまり、日本の過去の歴史は共有できないにしても、歴史をつくってきた精神は共有できる、少し解釈をくわえれば「国民精神」なり「日本精神」と呼ばれるものを教授し感化しうる、そうした「精神」を体得することが「同化」なのだ、と考えることができるだろう。

一九一一年、朝鮮総督府は「忠良ナル国民ヲ育成スル」ことを目的とした朝鮮教育令を施行する。その第五条に「普通教育ハ普通ノ知識技能ヲ授ケ特ニ国民タルノ性格ヲ涵養シ国語ヲ普及スルコトヲ目的トス」とある。もちろん、大槻と丸山の議論がここに結実したというわけではないが、植民地教育が目指すところを大槻も丸山も共有していたことは確かであろう。

風儀としての殉死

先に大槻が一九〇四年の講演で、「日本の風化を朝鮮満洲に発展させるのには第一が言葉」と述べていたことを紹介した。さらに「風化」とは「政治教育ナドニテ、人人ノ風儀ノ善ク変化スルコト」であり、「風儀」とは「風習《ナラハシ》ノシツケ」とあることも指摘した。それでは大槻のいう「風儀」とは一体どういうことを念頭においていたのであろうか。

具体的な話がなされるのは、たとえば以下のようなときであった。

Ⅰ章でもふれたが、陸軍大将・乃木希典の「殉死」に対する非難への反論として書いた「殉死の事」では、日本の「大和魂」は「忠孝の為には血を見て恐れず、死に赴くこと帰するが如しと云ふ精神は何れの国にもあらず、全く我が邦特有のもの」であって、それは「日本の神代ながらの天賦の国民性」であるとする（「殉死の事」一九一二年一二月、九、一〇頁）。

さらに「大和魂、武士道は犠牲の至極のものなり。日本人に此精神を除きなば日本はゼロなり、骨抜きなり、ぬけがらなり、此の精神は万国に対して我が大日本の大々特有のものなり」としたうえで「西洋の学説のみ学びて、ハイカラがり居る一二の人は、乃木大将の挙動をとかく論ずれど、それは皇国の事を深く知らず、空腹に酒を飲みたる如く、西洋説のみ学びしに因るにて、国民性を失ひたる人なり」と断じていく（一四頁）。大槻は洋学者であるが洋学かぶれではない、ということなのだろうか。あるいは、この年大槻は六六歳。乃木より二歳年上、明治天皇より五歳年上であった。抽象的ないいかたになるが、明治という時代あるいは明治的なものの終わりを大槻はいやがうえにも感じたにちがいない。

作家・生方敏郎（一八八二年〜一九六九年）は、朝日新聞に勤務していたときに乃木の「殉死」の報をきいた。その際の新聞社の人びとの反応を書き残している。「共同自殺」「心中」といった声にどっと笑いが起き、乃木大将はバカだな、と叫ぶ植字工、大喪の礼のときではなくもっとネタのないときに死んでくれたらよかったのにという夕刊編輯主任。だれひとりとして「忠臣」と思っていないのに、それでも紙面は「噫《ああ》軍神乃木将軍」となる世の中の裏表が描かれている（生方敏郎『明治大正見聞史』一九二六年）。ただし、実際の紙面は「乃木大将夫婦共に自殺」とあり、「殉死」のあつかいではない

(『東京朝日新聞』一九一二年九月一四日)。

朝日新聞社内の声を大槻は知るよしもないが、こうした「国民性」を失ったとされた日本人と反対に大槻が期待をかけたのが、「台湾の生蕃」(少数民族)であった。

此頃生蕃頻に来て内地に観光す。新聞など見るにまづ蕃君などゝ嘲弄がましく云ひ、其一挙一動を記すに軽蔑愚弄の筆ならざるはなし。如何にも生蕃は未開の民なり、然れども生蕃は一家相親しみ、約を違ふと云ふことなく、己が地を守りて敵を見れば一同に出でて死を恐れず、勇進奮闘する其精神に至りては、実に歎服すべき者あり(一四頁)

「未開」であるけれども、家族まとまり約束をまもり、死を恐れずたたかうではないか、というのである。

台湾のいわゆる「原住民」の有力者(「蕃君」)に帝国日本の「威力」を見せつける「教化」政策の一環としての「内地観光」の第一回が一八九七年におこなわれた(第一回に関する分析には、松田京子『帝国の思考』二〇一四年、第二章がある)。松田によれば一九四一年まで二一回おこなわれたというが、大槻がこの文章を草したときまでに、一九一一年三月、八月、一九一二年四月、一九一二年一〇月とたてつづけにおこなわれていた(藤崎済之助『台湾の蕃族』一九三〇年、八七五―八七六頁)。その報道にふれての大槻の感想ではあるのだが、「一家相親しみ」「死を恐れず」などといったところに感じ入ったことがわかる。そしてさらにこうつづける。

此人民を教育して　皇化に浴せしめ、戦場に出しなば、優絶なる人民ならむと思ふ。今の日本人に却て此生蕃に恥づる者少からざるべし。（「殉死の事」一四頁）

台湾では一九三〇年、「己が地を守りて敵を見れば一同に出でて死を恐れず」でいうところの「敵」が日本人となった霧社《むしや》事件が発生した。「皇化に浴せ」しめることに失敗した、と大槻が生きていたら考えただろうか。一方で、アジア太平洋戦争末期には、かれらを高砂義勇隊として戦闘に動員した（詳細は、菊池一隆『日本軍ゲリラ　台湾高砂義勇隊』二〇一八年などを参照）。大槻は「皇化に浴せしめ」た結果だ、と称賛しただろうか。

ちなみに『言海』に「皇化」はないが、「てんわう」を引くと、「(名)　一天皇一スメラギ。スメラギ。大日本国ニ君臨セサセ給フ大君主ノ大尊号」とあり、「王化」は「王者ノ徳化」とある。大日本国に君臨する天皇の徳に感化させた「台湾の生蕃」を戦場に送ることを大槻は構想するのである。

さらに最後の一文などは、「日本人より日本人らしい」というフレーズを思い起こすので、あまり気分はよくない。「同化」の行きつく先が、「死をも恐れない国民になること」だと大槻が考えていたとしても、「今の日本人」がそうでないとしたら、「同化」の目標とすべき像が曖昧で不安定なものにすぎないことを示しているともいえる。

同文という問題

以上みてきたように、植民地において日本語の口語を教育することで同化していくべきだ、と大槻は述べていた。

教えるべき口語を一定させる問題と同様に重要なものが、それをどのような文字で表記するのか、というものである。言語教育において表記文字のもつ問題は、国内の国語教育であれ、植民地などでの言語教育であれ、けっして小さくはない。とりわけ漢字の問題は、漢字音は異なるものの、漢字という文字を「共有」する地域（中国や台湾や朝鮮など、「同文」とされた地域である）での日本語普及を考えるときに避けて通れない問題として浮上してくる。漢字で書かれたことばをどのようにあつかうのかという点がからんでくると、語彙や文体の問題にもなってくる。

すでに述べたように、大槻は「かなのくわい」の創設に関わったこともある人物で、かなの使用を肯定的にとらえていた。そして一九〇〇年五月に書いた「仮名と羅馬字との優劣論」では、仮名に軍配をあげており、勢いあまってか、「日本が、後来、強大国とならうとして、今から、仮名の世として、いつか、東亜を併呑し、朝鮮、満洲、蒙古、大洋洲などの言語には、仮名が適当であるから、是等の国まで、仮名を用ゐさせて、仮名を東亜の通用字とさせるがよい、と言ひたくなる」とまでいっている（『復軒雑纂』五三七頁）。ただ、現実に日本語を普及するという局面になると、そこに存在する漢字表記のことばをどのようにあつかうのかといった「同文」ならではの問題が登場することになる。

韓国併合は一九一〇年八月になされたが、その年の一一月に『帝国教育』に掲載された大槻文彦談「朝鮮と日本は同文に非ず」では、漢字をつかっているからといって同文ではない、という当然のことを、いくつかの単語をあげながら示している（すでに一九〇一年三月に「日本支那同文国ならず」という題目で「文学倶楽部」で演説をおこなっている）。Ⅱ章において、『言海』所載の漢字語に傍線あるいは二重傍線を引くことで、前者が「和ノ通用字」、後者が「和漢通用字」であることを区別していることを指摘した。これは同文だからといって一重傍線が引かれた「和ノ通用字」を中国でつかっても通じないのだ、ということを示してもいる。『言海』編纂中に大槻が同文の問題をどの程度考えていたのかは不明であるが、日本人相手につかう場合にほとんど意味をもたないこの区別がこうしたところで用をなしてくることになる。こうした点にも、大槻の漢字語への意識の強さをみることができよう。

「朝鮮と日本は同文に非ず」での議論は、同文なのだから植民地朝鮮での日本語の普及はたやすい、といった言説を念頭においたうえでのものと思われる。ここであげられた単語は「遠慮」「馳走」「案内」「合点」「喧嘩」「成敗」「草臥」「一寸」「馬鹿」などであり、これをそのまま（朝鮮漢字音にして）つかっても意味が通じないので混乱するだけであり、「目出たい」「床敷（ゆかしい）」「草臥れる」などといった漢字のあて字についても、混乱を助長させるだけのこじつけだと批判していく。

「案内」はその後朝鮮語に定着することになるが、このような漢字のつかい方をしていると、「どうしても朝鮮人の教育には日本語をどしぐ仕込まねばならぬのでありますが、しかし朝鮮語も一概《ママ》に潰せるものではない。且つ朝鮮人もなまじひ漢字の形だけを知りて居り、漢字を使ふからには、それも一朝一夕には捨てられぬ」と指摘したうえで、「これを防ぐにはローマ字の如き、分り易い文字を用ひることが必要であると思はれます」（四〇頁）と主張している。

漢字をつかっているから日本語の普及に支障が生じるという理由での日本語表音文字化の主張ととれるが、この点は慎重に検討する必要がある。この「朝鮮と日本は同文に非ず」という談話がどこでおこなわれたのかは不明であるが、『帝国教育』とは別の雑誌『新公論』の同じく一九一〇年一一月号にも、「日本語を朝鮮人に普及せしむるには当局者の大英断を要す」という副題をともなった「朝鮮と日本とは同文に非ず」が掲載されている。

内容はほぼ同じなので大槻の講演が二誌に掲載されたと考えてよいのだが、実はこちらの方が講演調で記録されており、「此頃官報を見ますと朝鮮総督府から出ます公報の中に色々の字がありますが、助役、現金、日当などゝいふことがあります、是等は日本特有の用ゐ方で支那人にも朝鮮人にも分らぬ」（一八頁）と、『帝国教育』より具体的な記載もあり、大槻の情報源がわかるのであるが、先の『帝国教育』からの引用の部分が『新公論』では以下のようになっている。

> 朝鮮人に是から日本の言葉を教育しやうと思ふには、日本の普通文を教へねばならぬ、朝鮮は朝鮮で矢張り日本と同じ様に朝鮮特有の〔漢字の〕用方が又異るに違ひない、非常な混雑を起す、仮名を教へれば向ふにも諺文があつて之と衝突を起す、ナカ〱同文国などゝは夢にも言はれない、それで新たに領分になつた人民を日本に同化せしめやうとするには日本言葉をドシ〲仕込む是が第一であることは無論でありますけれ共朝鮮言葉とても調子の違つて居る一概に潰すこと

は出来ない、双方の言葉を当分両立させるとしても憖《なまじ》に朝鮮人は今まで漢字を使つて居つて向ふの意味を知つて居るから漢字の形が眼に浮んでどうも非常に迷ふであらうと思ふ、是が朝鮮教育の上に大問題である、日本の通用文を教へない訳にいかぬ向ふでは向ふの意味で漢字を教へて居る、そこで此混雑を防ぐにはどうしても低い方の普通教育は仮名か羅馬字のやうな音を表はす字にしなければならぬといふ処に論が帰着する、朝鮮教育には非常に英断を用ゐなければならぬと思ひます。(同前、二一頁)

「低い方の普通教育」を低学年ととらえれば、日本語のローマ字化の主張というよりも、低学年段階において「音を表はす字」で日本語を教えよと述べていたととらえるのが妥当であろう。「朝鮮言葉」を「一概に潰すことは出来ない」としている以上、そして当分は「双方の言葉」が両立するのだとすれば、「音を表はす字」で口語を教え、そこから徐々に漢字をふくんだ「日本の通用文」を教えていくべきだ、という順番を考えていたといえるだろう。

大槻の論は「英断」を求めてここで終わるのだが、一方の『帝国教育』の「朝鮮と日本は同文に非ず」では「英断」の部分はなく、「日本の勃興といふことは、実に今上天皇〔明治天皇〕陛下の御盛徳によることでありまして、御歴代の中にもないことであります。此の大業を永続するには教育によるの外はない」(四〇頁) 云々とつづく。「文責在記者」とあるので、こちらは大槻の主張とみるよりも、教育雑誌としての立場を示すために勝手に付加したものかもしれない。

ちなみに、大槻のこの講演から約四半世紀後、朝鮮で国語教育に従事していた村上広之(一九〇四年〜一九五一年）という人物が、初等・中等教育を受けている朝鮮人の日本語使用について、アンケートなどで分析をおこなう。公刊されたものからは正確性の保証はむずかしいが、日本語のなかの漢字語を朝鮮人がどのように発音するのかについて論じたものである。そこではまず、朝鮮人が漢字音を朝鮮語音で読むことを「異常にも強靭な」個性であると定義する。その「個性による漢字及び漢字による国語の朝鮮的変貌」に注目し、それが「朝鮮に於ける国語教育に幾多の重要な問題を提起する」という目的が示される。

「国語の朝鮮的変貌」とはものものしいが、要するに朝鮮人の話す日本語のなかの漢字語が、日本漢字音ではなく朝鮮漢字音で発音されるという意味である。大槻が指摘していたところの「混雑」の状況が実際に生じていたことがわかる。具体的に朝鮮漢字音で読まれる例として村上が挙げるのは「小使」「算盤」「案内」などであり、一方で「下駄」「羽織」など「彼等の生活から明かに遮断区別される物の多くは国語読の傾向が強い」とする。しかし、外来のものをその音に近く読むのか、というと必ずしもそうではなく、「麻雀」や「基督教」は朝鮮漢字音で読まれる傾向が強いという（村上広之「朝鮮に於ける国語純化の姿」一九三六年六月、二一—三頁）。これは国語教育の側からみれば混乱でしかないわけだが、大槻が求めたような「英断」を当初から下していれば、あるいは防げた事態なのかもしれない。もちろん、多様な言語使用が政策で完全に統御できるとは思えないのではあるが（村上広之の議論の詳細は、安田敏朗『近代日本言語史再考V』二〇一八年、第五章を参照）。

かなづかい表音化の主張

右にみたように、大槻は「音を表はす」文字をもちいるべきだと主張していた。そうなると、実際の発音に近い表記法でなければ意味がないということになる。「かんがえる」と発音しているのに「かんがへる」と表記しなければならないかなづかいは問題である、というわけである。

I章でふれたように、一九〇〇年の小学校令改正以後、文部省は表音式かなづかいの使用領域の拡大をめざしていったのであるが、この問題を論じるために一九〇八年に臨時仮名遣調査委員会が組織され、文部大臣が諮問をおこなった。委員となった大槻が表音式かなづかいへの賛意を示した長演説をおこなったのは、第二回委員会（六月一二日）のときであった。文部大臣官房図書課編『臨時仮名遣調査委員会議事速記録』（一九〇九年）では八頁半、約一万字の分量になる。冒頭で「時代ヲ経テ言葉ガ変ハレバ発音ガ変ハル発音ガ変ハレバ文字ヲ書変ヘルト云フコトハ自然ノ道理」（五〇頁）と述べ、いまでいう歴史的かなづかいが実際の発音と乖離し、なおかつ複雑であって大槻も「見レバ頭痛ガイタシマス」（五五頁）とまでいう。ただ、たとえば「観」を、「カン」ではなくかなづかいどおりに「クワン」と発音している少数の地域はどうなるのか、という疑問も出てくるのであるが、そこは「ドウシテモ少数ノ所ハ犠牲ニ供セラレルト云フコトハ致シ方モアリマスマイ」（五四頁）とそっけない。「普通」でないことは疎外されるのである。

そして、「今日ハ台湾朝鮮満洲其外ヘモ日本ノ言葉ヲ弘メネバナラズ、又外国人ニモ学バセネバナリマセヌ、ソレニ発音ト文字トガ変ハッテ居ルト云フコトハドウモ不都合デハアルマイカト思ヒマス」（五八頁）と、日本語普及の側面から論じていることにも注意したい。この延長線上に、先の朝鮮での日本語表音文字教育論が位置づけられていくのである（なお、この演説原稿は、大槻文彦「仮名遣改正ニ就テノ意見」（一九〇八年一〇月）として公表されている）。しかし、この臨時仮名遣調査会は結論を得ることなく一九〇八年七月の第五回を以て休会、七月一四日に桂太郎内閣となると、表音式かなづかい反対の岡田良平が小松原英太郎新文部大臣のもとで文部次官となり、九月五日に臨時仮名遣調査委員会への諮問を文部大臣が撤回、学校教育で一九〇〇年以前の歴史的かなづかいが復活することになる。

政治に翻弄された側面があるが、復活した九月の二四日に、『万朝報』は大槻のコメントを掲載する。そこでは、かなづかいの混乱を認めるのだが、そのことが「国粋を毀損」するものだという主張には反対する。なぜならば、鎌倉時代以降、日本語のかなづかいは「全く破壊され久しく混乱の状態」にあった。ようやく「百年前漸く学者の研究によりて整頓せられた」のだが、それを守るのは「少数の学者」だけであり「一般人民は殆んど之を守らず、論者自身と雖も恐らく守り居る者極めて少数ならん、之れをしも国粋毀損と言はゞ五千万の同胞は之れ悉く国粋毀損者なり」というわけである（「大槻博士の国語談」）。ずっと混乱してきたのだし、規範をつくってもほとんど守られていないのだから、それを守ることが国粋だとしたら、みな非国民だというわけである。なかなか痛快なコメントである。

大槻は「かなのくわい」で活動していたころは歴史的かなづかいを主張していた。一見節を変じたかのようであるが、そのときどきの「正則」を守ること、「正しさ」を実現することこそが大槻の意志であった、とする見解もある。表音表記のかなづかいが「正則」ではなくなると、たとえば『大言海』も歴史的かなづかいで編纂することになったではないか、と（田中恵「大槻文彦にとっての表記と国民」二〇〇一年)。そうした側面とともに、「さまざまな現実をみる」という視点もあわせもっていたことを指摘することができる。

植民地や海外での日本語普及のためのかなづかい表音化、あるいは口語法制定の必要性という主張は、時局をもりこんで自説を有利に展開させる、という筆法といってもよいかもしれない。大槻の生きた時代は、たんに日本国内のことだけを考えていればよいという時代ではなく、植民地への(あるいは、からの)視線というものを意識せざるをえなかった時代でもあった、ということをおさえておきたい。

宣伝のなかの『言海』

「大槻文彦と口語」の話がつづいたが、ここで『言海』にもどる。

I章で登場した一八七五年生まれの松尾捨治郎は、一九二五年にこのように記している。

今日の多少学問した人の中で大槻博士の名を知らぬ者はあらうが、言海の名を知らぬものはあるまい。人によつては国語の字引は凡て言海と云ふものと心得て「辞林といふ言海」などといふ位である。此の事だけでも、大槻博士が我が学界に貢献せられたことが少くない事は明かである。

(「学界の偉人大槻博士を訪ふ」八三頁)

「辞書の代名詞」ではなく、辞書という名詞に置きかわったとされるほど世に広まったということではあるが（やや大げさな感もある）、それほど普及した背景を、さらには『言海』が社会にどのように関わろうとしていたのかということを、新聞記事・宣伝などを通じてみていきたい。

まず、『言海』の人気であるが、当初は新聞広告で予約購読者の追加募集をおこなわざるを得なかったほどの売れ行きの悪い本であったと指摘する者もいる。そうした状況を打破したのが、序でもふれた『言海』完成祝宴であり、伊藤博文の祝辞であったとする（高橋博美「『言海』の刊行をめぐって」二〇〇二年）。「自伝」にも「此事（完成祝宴）が「日本」「読売」其他の新聞に出て大いに世にひろまつたのです」（二三三頁）とある。

伊藤博文の祝辞でも、「大槻君の自跋（「ことばのうみ　の　おくがき」）で「自家の事として筆せられたる伉儷《こうれい》を失ひ愛子を先たせたる条の如きは人をして酸鼻に堪さらしめ其言や躍々として神あり」と妻子を失ったくだりに対する感想を述べている（「伊藤伯の祝詞」『日本』一八八一年六月二五日）。「伉儷」は『言海』で「夫婦ノ配偶《ツレアヒ》」、「酸鼻」は「ムゴタラシキヲ悲ミ傷ムコト」とある。

こうした伊藤の祝辞が『日本』や『読売新聞』などで紹介されて話題となり、のちの名声につながったというわけである。

高橋博美はこう述べる。

文彦にとって、時の権力者である伊藤博文が祝辞を述べれば絶大な宣伝効果のある事は明白である。また他方、伊藤博文にとっても、西洋辞書にならってはいるが、日本で使用されている古近雅俗語、梵語等を整理し、外来性も無くし、なおかつ家の事を置いても事業をなし遂げた、という文彦の言海で示した態度は、明治二十二年〔一八八九年〕発布の憲法制定に尽力し、言海刊行の翌年の明治二十五年〔一八九二年〕には総理大臣となる伊藤博文〔第二次伊藤内閣〕を初めとする明治政府の望む臣民の姿と一致、推奨されるものであったはずである。伊藤博文が文彦の『言海』を国語辞書として褒めたたえ、妻子を亡くしたエピソードを紹介するのは、博文にも益のある事であった。（「『言海』の刊行をめぐって」九七頁）

こうした側面はたしかにあるだろう。しかしこれらが「編者大槻文彦によって仕掛けられた宣伝方策」（九八頁）であるとまで断言するにはいささか躊躇するが、「辞書の政治利用」という側面の指摘はできる。

こうして名声を博した『言海』であるが、時局にあわせた宣伝がなされていったことを、以下、新聞広告のなかに確認していく。売らんがための言辞であることは大前提ではあるのだが、そこに『言海』に求められた役割をやや強引に読みとることにしたい。

日露戦争と『言海』縮刷版

『言海』は、四七版を重ねた一九〇四年に縮刷版が吉川弘文館（弘文館吉川半七）から刊行される。この年の二月に日露戦争が開戦、四月三〇日の『東京朝日新聞』に、縮刷版予約申し込み募集の広告が掲載された。「縦五寸二分横四寸」つまり縦が約一五・七センチ、横が約一二センチで、現在の文庫版より若干大きめのサイズに縮刷したページ数で一二〇〇余、厚さにして約五センチ、定価が一円五〇銭と紹介されている。一円五〇銭というと、一九〇六年の朝日新聞（大阪）の新聞購読料が月に四五銭（『値段の明治大正昭和風俗史』一九八一年、一六一頁）というので、廉価とまではいえないが、手の届かないものでもない（いろいろな割引販売もあった）。

その宣伝文句は以下のようにはじまる。

一国の国語は外に対して一民族たることを証し、内にしては国民一体なる公義感覚を固結せしむ。而して国力の膨張は国語の発展となる。今や日露の戦開け我が軍連戦連勝。皇威満韓に光被するに及び、我が国力国語是等の地の膨張発展し遂に彼の国民我に化せしむべきは期待すべき也、国語の皇張勉めざるべけんや。

最初の一文と最後の一文は大槻の『広日本文典別記』（一八九七年）にほぼ同じ表現がある（序論、二六頁。「国民」は「同胞」、「勉めて皇張せざるべけむや」というちがいはある。「皇張」は『言海』にはないが、押し広めること）ので、ここから引いたものであろう。同化についてはすでに論じたが、国語が国民を一体化させ、国力が高まれば国語の力も増し、異民族を同化することができる、という主張である。まさに日露戦争開戦、日本の国力を世界に見せつけるときがきた、という高揚感をみてとることができる。

さらにⅡ章でふれた、皇室献上後に宮内大臣から示されたことばが引用され、こうした「光栄を荷へる未曾有の辞書」であるが、いままでは携帯に不便があったので、吉川弘文館が一冊の縮刷版をつくることで、「弊店が国語の拡張普及を謀る志也」と息まく広告となっている。また、予約申し込みの際に、一回払いであれば一円、二回払いにすれば一円一〇銭になる、とお得感をうちだしている。売るための宣伝文句であるから、誇張されている側面があることは否めないにせよ、人びとの反感を買うようなことはあえていうことはないだろう。そうしてみると、辞書、とりわけ『言海』と国語、国家そして時流との関係については、おおむね了解されるという前提があったとみることもできる。

私の手元にある縮刷版の『言海』は一九〇四年五月一〇日第二版発行のものであるので、あるいはこの広告をみて申し込んだものかもしれない。蔵書印には薬剤師竹内某とあり、購入者層の広がりをみることができる（ただ、印刷がかすれ気味のせいもあるのか、使いこんだ感はない）。

旅順攻囲戦と『言海』

周知の通り、日露戦争では旅順攻略に多大な時間と兵力が割かれた。一九〇四年八月九日にはじまった旅順攻囲戦は、一九〇五年一月一日に終結する。すると早速一月一二日の『東京朝日新聞』に、『言海』縮刷版予約募集の広告が掲載される。堂々と「旅順陥落紀念既成予約」と銘うったもので、「旅順の陥落は、国民の歓喜措く能はざる所。此際いかで一大紀念出版なからんや」とまず高らかにことあげする。そこで「汎く国民の需用に充つる」ために、『言海』を紀念出版に選んだ、という。『言海』は「学者教育者はいふまでもなく、医士も、法律家も、商店にも、農家にも、必要欠くべからざる宝典」であるから、旅順陥落という「国民歓天喜地の時に際して」これを予約出版し、「国民として、祝意を表せんとす」などとつづく。宣伝文句とはいえ、国民すべてのための辞書という見方になっていることに注意したい。ちなみに、定価は一円五〇銭だが、予約金一円を振り込めば、すぐに送本するとしている（ランダムに「書籍券」が封入された）。この予約広告からわずか一週間で一万三千部を売ったという（「言海の発売」『東京朝日新聞』一九〇五年一月二六日）。さらに同年三月三日の『東京朝日新聞』には「予約延期広告」が掲載され、「五万余千部の御注文」をもらったものの、印刷が追いつかず一万部以上の注文を滞らせている旨記されている。

日露講和と『言海』

次の展開がわかってしまうが、日露戦争は一九〇五年九月五日のポーツマス条約の締結により終わる。その三ヶ月後、一二月二九日の『東京朝日新聞』に「平和克復一大紀念発売（製本既成）」として『言海』の広告が掲載された。今回は予約販売ではなく、五万部印刷を宣言した広告である。「皇運隆々今や我日本帝国は平和克復と共に戦捷国として当然享有すべき利権を収め」、国会は「皇帝陛下の盛徳を頌し奉」った。こうした「一大慶事」に際し、吉川弘文館は「平和克復を祝するの微意を以て銅凸版を以て新刷せる言海五万部をかぎり紀念特別大販売を為す事とせり」としている。銅凸版印刷はたしかに当時の最新の技術である（縮刷版刊行時は亜鉛凸版）。さらに「ことばのうみ　のおくがき」を念頭においた「大槻博士の苦心」、その苦心の成果を、銅凸版技術により「読者は僅に一円金を以て購ひ得る」のだ、とたたみかける。そう、今回は定価そのものが一円という「紀念特価」販売なのであった。そして「賜　天覧の光栄」と記され、「本書効用の要点」は以下のように宣伝される。

> 邦語の辞典として雅俗共に之れを網羅し語源、注釈、漢訳等にも周到なる注意を加へたれば良師に乏しき僻陬《へきすう》に在る人々は勿論都会に在る文人、教師、学生、商人、法律家、宗教家、政治家其他学校、会社、商店、公私役所等個人と団体とを問はず苟も文字の必要ある人々の座右には是非共欠く可らざる宝典たり。

国民一人一冊揃えよ、という勢いである。「僻陬」（僻地）ということばは『言海』に立項されていない。この時点で一四〇余版、部数一〇万余部を数えていたことも記されている。

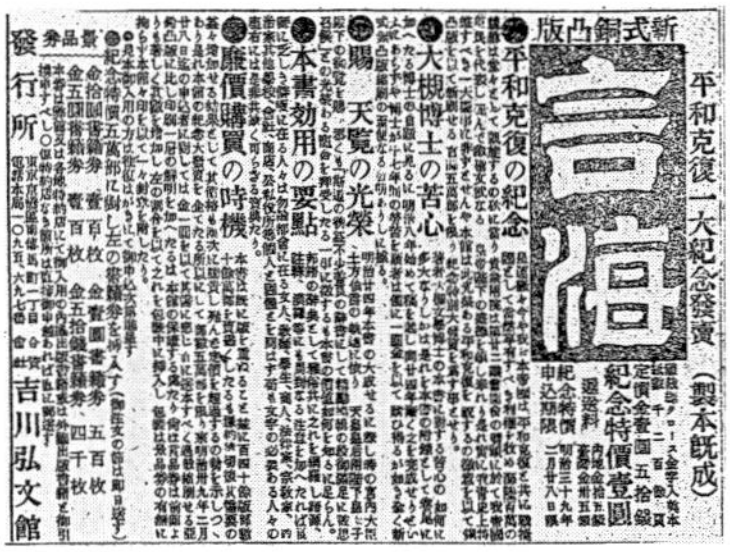

図2 『東京朝日新聞』1905年12月29日、1面

ともあれ、開戦、戦闘での勝利、そして戦勝国としての講和とそれぞれ盛りあがっているときに、国民みんなで共有できる書物として『言海』を新技術の装いのもとで売りだそうという意欲がみなぎっていることがわかる（図2）。

日露戦後となると宣伝のポイントをずらしてくる。一九〇六年一月三〇日の『東京朝日新聞』の広告は、その末尾に「皇軍大捷後光輝ある平和克復の慶事紀念として特価大発売を為す購買の好機乞ふ之れを逸する勿れ」とあるが、大きな活字で記されるのは「言海は学問の宝庫」「言海は智識の源泉」という文句である。そしてこうはじまる。

文化の最も発達せる国家は必ずや最も完全なる字典を有す故に欧米各国の如き年々又歳々辞書の出版せらるゝもの殆んど応接に暇あらざらんとす〔……〕今翻つて之れを本邦の現状に徴するに邦語字典として最も進歩し最も卓越せるもの独大槻文学博士の苦心に拠りて大成せる『言海』あるのみ其他に至つては又見るに足るものなし

「文明国標準」はすでに前提としてあり、今度は学問・知識などといった「文化」を体現する辞書として唯一のものが『言海』である、という宣伝手法になっていることがわかる。「国語辞典の覇王」(『東京朝日新聞』一九一三年九月二〇日、広告)とまで名づけて売るための宣伝であるからこそ、その商品が担うべき役割を、若干過度にではあるが、うかびあがらせているといえるだろう。

「売れた書物」・時代に寄りそう辞書

大槻が没して二年半後の一九三〇年九月二七日、『東京朝日新聞』に「売れた書物」という記事が掲載された。『言海』増訂版である『大言海』の刊行開始の二年前のことである。「売れた書物」として徳冨蘆花『不如帰』とともにとりあげられたのが、『言海』であった。古書店でも定価のせいぜい一割五分引き程度でしか入手できず、それだけ需要がある辞書である、ということが示され、「小売店といはず古本屋といはず、何処の店でも何冊かをたなに常備してゐたもので、文芸物のやうに人目に立つほど一時的には売れなくとも、絶えず買い手はあつたのである」。この時点で、一九〇四年二月初版の縮刷版(小型本)が六一三版、四六判本が五五一版、そして「〔関東〕大震災後の復興版」に

「旧大型本の合本」をふくめると「合計では千二百版を超えてゐるだらう」としている。そして私財をかきあつめて分冊でなんとか刊行できたものがこれだけ売れるとは、著者も発行者も予測しなかった、と指摘したうえで、以下のように述べる。

「言海」は紙数が千ぺイヂを多くも超えぬ書物で、然も完結して始めて役に立つ辞書でありながら、それが四巻に分冊されて帝国憲法発布の年に刊行されたのである。普通語の辞典が初版そのままの内容で四十年以上も売れ続けたのは、「言海」の名誉か後続語学者の不名誉か、世界出版史上に例が無い。

やや皮肉な論調ではあるが、「文明国標準」への熱気が相対化され、一出版物として批評の対象となっている、とみることもできる。「普通語」の辞書たるものが四〇年も改訂されずにしかも売れつづけていることは大槻にしてもどうにかしなければならないと思っていたはずである。『言海』の増訂版、『大言海』を望んだのは大槻だけではなかった、ということでもある。

辞書は時代に寄りそうのかもしれない。『言海』が刊行されたあと、語数の多い辞典としてあげるべきは、『大日本国語辞典』であろう。収録語数二〇万語、一九一五年から一九一八年にかけて刊行されたもので、上田万年と松井簡治（一八六三年～一九四五年）の共著とされるが、実際は松井ひとりの執筆である。この『大日本国語辞典』の序文を寄せた国文学者・芳賀矢一（一八六七年～一九二七年）は、この辞書の編纂事業は「学者の閑事業では無くして、実は国家的大事業であつた」と述べる。

さらに、

狭い編輯室に行はれて、何等世人の注意を惹かなかつた学者の研究が、実は絶大な国家的事業であつたといふことに於て、学者の生命があり、学術の意義があるのである。十年以前に比べて、鉄道の哩《マイル》数や軍艦の噸《トン》数に大に増加したのを祝賀する人は、之と同時に数隻の巡洋艦位で満足して居た我が国語界が、十余年の今日、こゝに一大戦艦にも譬ふべき本書を有するに至つたことを驚歎し、歎美しなければならぬ。文物の整備するのは国家の誇であり、飾である。又精神界を支配する大きな武器である。完全な一辞書の存在することも、国民に採りての立派な強みになる。

（芳賀矢一「序文」『大日本国語辞典』一九一五年、三頁）

日露戦争後の軍拡をふまえた「序文」になっている。たしかに二〇万語収録の『大日本国語辞典』が戦艦だとすれば、四万語弱の『言海』は巡洋艦なのかもしれない。しかし「国家の誇」「国民の強み」という表現とともに辞書が語られるということは、やはり注意しておかねばならない。

賞品としての『言海』

縮刷版が出版され、宣伝文句でではあるが「宝典」などと称された『言海』は、教育の場でも利用されるようになる。たとえば、卒業式の「優等の賞品」として。

山田忠雄述『近代国語辞書の歩み』（一九八一年）の上巻の口絵⑥は、「卒業などに際し賞として布かれた辞書」として、「賞」の赤印が押された『言海』三種の写真が掲載されている（山田忠雄架蔵のものであろう）。『言海』は「辞書として優等生であると同時に、優等の賞品として最も行われた」ということであり、写真の三種のうち一点は「台湾新竹州知事の名において与えられた」との解説が付されている。先にふれたが、『言海』冒頭には「宮内大臣ヨリ編者ヘノ御達」が掲げられ、皇室に献上したこの辞書が「善良ノ辞書ニシテ精励編輯ノ段御満足ニ被思召候」と明記されている。単なる辞書ではない、天皇にも献上されたものだ、ということが堂々と記された辞書が、成績優秀者に配られたことのもつ意味は、けっして小さくはない。台湾の場合、新竹州知事の名で『言海』が渡されたのが日本人なのか台湾人なのか明確ではない。しかしながら、同じく植民地であった朝鮮では、以下のような事例が確認できる。

咸南の優良児童／二百余名／言海一冊賞与
東宮殿下御成婚記念の御下賜金を基礎とせる奨学資金の利子を以て咸南道では毎年公立小学校同普通学校及び私立普通学校の優良児童に対し賞品を授与して来たが本年は言海一冊づつを賞与する筈で受賞者は二百三四十名の見込（『朝鮮新聞』一九二六年三月一六日夕刊、三面。漢数字以外は総ルビ）

『朝鮮新聞』とは朝鮮新聞社が発行していた日本語新聞である。「東宮殿下」すなわちのちの昭和天皇が結婚したのは一九二四年一月のこと。そのときの「下賜金」の利子で、一九二六年、この大正最後の年（同年一二月二五日に、昭和がはじまる）の「優良児童」に『言海』一冊づつ、二百冊強を賞品として授与する予定、という記事である。「咸南道」とは朝鮮の行政単位のひとつ、咸鏡南道のことで、現在は朝鮮民主主義人民共和国の北東部の行政区となっている。「普通学校」とは、当時朝鮮人が通った初等教育学校であり、日本人の通った小学校とは区別されていた。小学校、普通学校それぞれの「優良児童」に『言海』――それがかつて「天覧」に供されたものだ、という文章が掲載されている――をあたえるというわけである。咸鏡南道にどのくらい初等学校があったのか、というと、『朝鮮総督府及所属官署職員録』一九二五年版によれば、尋常小学校が一五校、普通学校が五四校となっている。私立普通学校の数は不明であるが、一校あたりに二、三冊見当というところになるだろうか。

ちなみに、『朝鮮新聞』の同日号の二面に、「朝鮮人間の国語普及約五分一」という記事が掲載されている。これは「京城府」在住朝鮮人二六万人のうち、「通常の会話に国語を解し得るもの」が男性三万九五五九人、女性九四六五人の計四万九〇二四人であるという記事。約一八％になる。朝鮮の中央である京城府内でこれだけだとすれば、咸鏡南道はこれより高くはないだろう。そうしたなかでの『言海』の「賞与」である。

「文明国標準」であり、「宝典」である『言海』を、植民地台湾や朝鮮の「優良児童」たちはどのような思いで受けとったであろうか。

辞書は国家がつくるものなのか

「世界」がだいぶひろがってしまったが、本書最後に「辞書は国家がつくるものなのか」という問題について考えておきたい。

三浦しをんの小説『舟を編む』の終盤、主人公である「玄武書店」の辞書『大渡海』編集者「馬締」と、『大渡海』を監修する老国語学者「松本先生」とのあいだでこのような会話が交わされる。松本先生は、『オックスフォード英語大辞典』などを例に、辞書の「編纂に公のお金が投入される」ことを指摘、「なぜ、公金を使って辞書を編むのだと思いますか?」と問う。

馬締は答える。「自国語の辞書の編纂は、国家の威信をかけてなされるべきだ、という考え方があるからではないですか。言語は民族のアイデンティティのひとつであり、国をまとめるためには、ある程度、言語の統一と掌握が必要だからでしょう」。

松本先生は、馬締の答えを肯定したうえで、「翻って日本では、公的機関が主導して編んだ国語辞書は、皆無です」とする。つづけて、『言海』も私費で刊行された旨を語る。そして、こう述べる。

「公金が投入されれば、内容に口出しされる可能性もないとは言えないでしょう。また、国家の威信をかけるからこそ、生きた思いを伝えるツールとしてではなく、権威づけと支配の道具として言葉が位置づけられてしまうおそれもある」〔……〕

「ですから、たとえ資金に乏しくとも、国家ではなく出版社が、私人であるあなたやわたしが、こつこつと辞書を編纂する現状に誇りを持とう〔……〕」

「言葉は、言葉を生みだす心は、権威や権力とはまったく無縁な、自由なものなのです。また、そうあらねばならない〔……〕」

辞書編集者としての矜持であろうが、国家が辞書を編むことのもつ意味を、平易に語っているともいえる（『舟を編む』二〇一一年、二二五―二二六頁）。しかし、「言葉を生みだす心は、権威や権力とはまったく無縁な、自由なもの」であろうとするならば、ことばを記録し、意味を記述していくことをやめなければならないのではないか、と個人的には思ってしまうのである。つまり、辞書というものが必然的にもってしまう権力性に自覚的でなければならない、ということである。

また、本書でもみてきたように、国家が公金を支出しなくても、その国家の言語にふさわしい辞書というものは求められてきたわけであり、売る側も「宝典」などといった文句をもちいてそうした意識をかきたて、使用する側も国家を代表する辞書という存在を求めていなかったとはいえない。

明治はじめに文部省で辞書編纂の動きがあったものの、『語彙』は途中で挫折、大槻たちに編纂を命じたものの、できあがった原稿を出版せず、めぐりめぐって私的出版活動となって大槻の『言海』に結実したことは、くりかえし述べてきた。その後、国家的な辞書編纂事業は企画されることがなかった。ただ、敗戦後の一九四八年に、「国語及び国民の言語生活に関する科学的調査研究を行い、あわせて国語の合理化の確実な基礎を築く」（国立国語研究所設置法第一条）ことを目的として国立国語研究所が設置されたのであるが、研究所の事業を定めた設置法の第二条2項の三において、「現代語辞典、方言辞典、歴史的国語辞典その他研究成果の編集及び刊行」が明記された。各種辞典の編纂が、再度国家事業（国立の研究機関の事業であるから、国家事業としても問題はないだろう）として定められたのである。しかしながら、一九六三年に『沖縄語辞典』を国立国語研究所資料集として刊行したほかは、辞典という形での成果をみていない。

しかし、この設置法第二条2項三にもとづき、一九七七年度末に国語辞典編集準備委員会が設置され、一九七九年度からは国語辞典編集準備調査会および国語辞典編集準備室が設けられた。そこでは『日本大語誌』を編集し、それをもとに各種辞典を編纂していくこととされていた。飛田良文編『国立国語研究所「日本大語誌」構想の記録』(二〇一二年)にまとめられた資料をみていくと、『日本大語誌』とは「文字による日本語の記録が始って以来、日本人が使用した用語のあらゆる用法を記述するための、歴史的な用例の大集成」(三四頁)とされていた。大規模な用例集であり、辞典編纂の基礎とすべき壮大な国家事業とみることもできる。作業としてはまず、一八五〇年から約一五〇年間の「日本語が近代的発展をとげた」時期のうち、二〇世紀前半の五〇年にしぼって用例の収集事業をおこない、国定教科書の用例をあつめていった。これは一九八五年に『国定読本用語総覧I』という形で三省堂から刊行された(三九六頁)。そのほかの資料からも用例採集をおこなっていったのであるが、結果的には尻すぼみとなってしまった。実質的な責任者であった飛田良文の定年退官や二〇〇一年に国立国語研究所が独立行政法人になるなどして予算がつかなくなったことが要因としてある。

『舟を編む』の「松本先生」がいうような「国家の威信」などとは関係なく、投入すべき「公金」の問題によって、『日本大語誌』はいくつかの用例集と「構想の記録」、そして作業をおこなったスタッフに経験を残した形で終わった。国立国語研究所は、言語資料のデータベースであるコーパスの作成・公開に舵を切ったようであるので、『日本大語誌』の方向性を放棄したわけではない、といえるかもしれないが、そこから辞書を編纂していくということは、どうやらなされていないようである。民間により出版されることは、採算の問題、期日の問題など乗り越えなければならない問題が山積する。ただ、そうした「外圧」があるからこそ、何としてでも完成させなければならないという力につながる。「ことばのうみ　の　おくがき」にも、妻子の死亡などで気落ちしていても、予約販売の遅れで責められ、「されど、責めらるゝつらさに、夜もふくるまで筆は執りつ、責めらるゝくるしさに、及ぶかぎりは、印刷の方にも迫りつ、それだにかく後れたり、責められざらましかばいかにかあらまし、など思へば、予約せしことも、僥倖なりきとも思ひなしぬ」と、何としてでも刊行しなくてはならないという痛切な思いへとつながっていた。

そうしてみてくると、「公金」の問題で国家事業としての辞書編纂が挫折していくのは、ある意味では「健全」なことなのかもしれない。Ⅱ章で荒尾禎秀が辞書は「時代の要請」の反映であると述べていたことを紹介したが、つきつめていけば、「文明国標準」としての辞書というあり方は外在的な議論でしかなかったということを示すことでもあり、人文科学研究に冷淡な日本国家の姿勢を示すものでもある、という点できわめて「健全」であると思うのである。

参考文献

大槻文彦年譜・業績・評伝

『国語と国文学』五巻七号（一九二八年七月）
大槻文彦博士年譜／大槻博士自伝／晩年の大槻文彦（大槻茂雄）／大槻文彦博士著書論文目録／大槻博士逸事（大久保初男）／大槻博士を憶ふ（関根正直）／大槻博士の事業及文法（今井彦三郎）／大槻博士伝補遺（箕五百里）
『国語と国文学』五巻八号（一九二八年八月）
大槻文彦博士著作目録補遺／大槻文彦博士伝記資料補遺

風間力三「大槻文彦伝（一）〜（三）」『日本語学』一巻一号・二号、二巻一号、一九八二年一一月・一二月、一九八三年一月
紀田順一郎「辞書の鬼――大槻文彦と『言海』」『紀田順一郎著作集　第6巻　知の職人たち・生涯を賭けた一冊』三一書房、一九九七年
高田宏『言葉の海へ』新潮社、一九七八年（新潮文庫、一九八三年、岩波同時代ライブラリー、一九九八年、洋泉社MC選書、二〇〇七年）
田澤耕『〈辞書屋〉列伝――言葉に憑かれた人びと』中公新書、二〇一四年、「第四章『言海』」
永野賢「大槻文彦」『言語生活』二〇五号、一九六八年一〇月
古田東朔「大槻文彦伝」『月刊文法』一九六八年〜一九七二年（再録、『古田東朔近代日本語生成史コレクション　第六巻　東朔夜話――伝記と随筆』くろしお出版、二〇一五年）
湯浅茂雄「大槻文彦」『日本語学』三五巻四号、二〇一六年四月

大槻文彦著書・論文（目録ではない。刊行年順、『口語法』『同別記』、翻訳もふくむ）

『琉球新誌』緋文雪雄、一八七三年（復刻、国書刊行会、一九七三年）

●「日本文法論第一」『洋々社談』七号、一八七五年一〇月
『支那文典』解者及出版人・大槻文彦、発兌人・小林新兵衛、一八七七年（六角恒広編『中国語教本類集成　第四集第一巻』不二出版、一九九四年におさめる）
○「竹島松島の記事」『洋々社談』四五号、一八七八年八月
○「琉球ノ武備」『洋々社談』五六号、一八七九年七月
『日本小史』（上中下）三木佐助、一八八二年（校正、一八八五年、増補、一八九六年）
●「仮名の会の問答」『朝野新聞雑報』一八八三年一〇月
●「外来語原考」（全三回）『学芸志林』七九、八一、八三号、一八八四年二、四、六月
「言語篇」、文部省刊行『百科全書　第十一冊』有隣堂翻刻、一八八六年
『語法指南』小林新兵衛、一八九〇年（復刻、勉誠社、一九九六年、解説・北原保雄）
『広日本文典』大槻文彦、一八九七年
『広日本文典別記』大槻文彦、一八九七年
●「仮名と羅馬字との優劣論」一九〇〇年五月
●「日本支那同文国ならず」一九〇一年三月三一日
●「文字の誤用」東京市教育会演説、一九〇一年七月
「国語改良の話」『教育時論』六一七号、一九〇二年六月五日
「言文一致標準語に就て」『埼玉教育雑誌』二四五号、一九〇二年一〇月
『復軒雑纂』広文堂書店、一九〇二年（『復軒雑纂1　国語学国語国字問題編』鈴木広光校注、平凡社東洋文庫、二〇〇二年）右の●印は両者に、○印は広文堂書店版にのみおさめる。
「国語の発展について」『国学院雑誌』一〇巻八号、一九〇四年八月
「口語の八衢」『国学院雑誌』一二巻六号、一九〇六年六月
「仮名遣改正ニ就テノ意見」『東洋学芸雑誌』三二五号、一九〇八年一〇月五日
「朝鮮と日本は同文に非ず」『帝国教育』三四〇号（再興二一号）、一九一〇年一一月（目次では「朝鮮と日本とは〜」とある）

「朝鮮と日本とは同文に非ず――日本語を朝鮮人に普及せしむるには当局者の大英断を要す」『新公論』二五巻一一号、一九一〇年一一月
「です言葉」『普通教育』二巻六号、一九一一年六月
「仙台戊辰史序」藤原相之助『仙台戊辰史』荒井活版製造所、一九一一年
「殉死の事」『普通教育』三巻一二号、一九一二年一二月
「若干語の語原」『国学院雑誌』二一巻二号、一九一五年二月
『口語法』（文部省）国定教科書共同販売所、一九一六年
『口語法別記』（文部省）国定教科書共同販売所、一九一七年
「仏語より出でたる俗語」『禅宗』二八二号、一九一八年四月
「歌詞の語源」（全六回）『若竹』一二巻一〇～一二号、一三巻一～三号、一九一九年一〇月～一九二〇年三月
「国語語原考」（全七回）『国学院雑誌』二五巻一〇、一一号、二六巻一、二、三、四、六号、一九一九年一〇、一一号、一九二〇年一、二、三、四、六月
「辞書編纂の苦心談」『国語教育』四巻一一、一二号、一九一九年一一、一二月
『復軒旅日記』（大槻茂雄校訂）冨山房、一九三八年
『稿本　日本辞書言海』（図録付、山田忠雄編集責任）大修館書店、一九七九年～一九八〇年
『言海』（武藤康史解説）ちくま学芸文庫、二〇〇四年

その他論著・論文・資料

青田節『内地雑居之準備』春陽堂、一八八六年
青田節『方言改良論』福島進振堂、一八八八年
青田節『対雑居策御国の美風』法蔵館、一八九八年
赤瀬川原平『新解さんの謎』文芸春秋、一九九六年
阿部潔『彷徨えるナショナリズム――オリエンタリズム／ジャパン／グローバリゼーション』世界思想社、二〇〇一年

天野郁夫『帝国大学――近代日本のエリート育成装置』中公新書、二〇一七年
飯間浩明『辞書を編む』光文社新書、二〇一三年
飯間浩明『国語辞典のゆくえ』ＮＨＫ出版、二〇一七年
池野藤兵衛『料亭　東京芝・紅葉館――紅葉館を巡る人々』砂書房、一九九四年
石原俊『近代日本と小笠原諸島――移動民の島々と帝国』平凡社、二〇〇七年
犬飼守薫『近代国語辞書編纂史の基礎的研究――『大言海』への道』風間書房、一九九九年
井上哲次郎「祝辞」『大言海　文献集』冨山房、一九三二年
井之口有一『明治以後の漢字政策』日本学術振興会、一九八二年
伊伏啓子「大槻文彦解『支那文典』――「副詞ノ一部」について」『関西大学中国文学会紀要』三三号、二〇一二年三月
ウィンチェスター、サイモン（苅部恒徳訳）『オックスフォード英語大辞典物語』研究社、二〇〇四年
上田万年「日本大辞書編纂に就て」『東洋学会雑誌』三編二号、一八八九年二月（『国語のため』におさめる）
上田万年「博言学」『日本学誌』二、三号、一八八九年三、四月
上田万年「国語と国家と」『東洋哲学』一篇一一、一二号、一八九五年一、二月（『国語のため』におさめる）。
上田万年『国語のため』冨山房、一八九五年（『国語のため　第二』（冨山房、一九〇三年）とともに『国語のため』平凡社東洋文庫、二〇一一年（安田敏朗解説・校注）におさめる）
上田万年「「言海」と「大言海」」『大言海　文献集』冨山房、一九三二年
生方敏郎『明治大正見聞史』春秋社、一九二六年（中公文庫、一九七八年）
梅佳代写真・新明解国語辞典文『うめ版――新明解国語辞典×梅佳代』三省堂、二〇〇七年
ＮＨＫプロジェクトＸ制作班編『プロジェクトＸ　挑戦者たち　10　夢遙か、決戦への秘策』ＮＨＫ出版、二〇〇二年
オーウェル、ジョージ（高橋和久訳）『一九八四年』早川書房、二〇〇九年
太田陸郎「方言改良論の著者」『書物展望』三巻三号、一九三三年三月
大槻清彦校閲・山田俊雄編輯『図録　日本辞書言海』大修館書店、一九八〇年
大槻茂雄談「蓮台寺と鎌倉」『大言海　文献集』冨山房、一九三二年

大島英介『遂げずばやまじ――日本の近代化に尽くした大槻三賢人』岩手日報社、二〇〇八年
小倉進平「「大言海」第一巻を読みて」『大言海　文献集』冨山房、一九三二年
鎌田正『大漢和辞典と我が九十年』大修館書店、二〇〇一年
唐木順三「「言海」の大槻文彦」『自由』八巻四号、一九六六年四月
菊池一隆『日本軍ゲリラ　台湾高砂義勇隊――台湾原住民の太平洋戦争』平凡社新書、二〇一八年
日下部重太郎『国語百談』丁未出版社、一九一五年
日下部重太郎『現代国語思潮（正続）』中文館書店、一九三三年
倉島節尚『辞書と日本語――国語辞典を解剖する』光文社新書、二〇〇二年
倉島長正『「国語」と「国語辞典」の時代　上下』小学館、一九九七年
倉島長正『日本語一〇〇年の鼓動――日本人なら知っておきたい国語辞典誕生のいきさつ』小学館、二〇〇三年
桑原伸介「榊原芳野のこと」弥吉光長先生喜寿記念会編『図書館と出版文化――弥吉光長先生喜寿記念論文集』弥吉光長先生喜寿記念会、一九七七年
小岩弘明「大槻文彦における著述傾向の推移」『一関市博物館研究報告』一号、一九九八年三月
小岩弘明「「日本文典」立案過程の痕跡」『一関市博物館研究報告』四号、二〇〇一年三月
小岩弘明「『言海』刊行遅延の謝辞と「ことばのうみのおくがき」について」『一関市博物館研究報告』七号、二〇〇四年三月
小岩弘明「大槻文彦「日本文典」立案過程の痕跡（その二）――文法会の実相を探る」『一関市博物館研究報告』八号、二〇〇五年三月
小岩弘明「大槻文彦の英学修業と戊辰戦争――その青年期を再検証する」『一関市博物館研究報告』一一号、二〇〇八年三月
小岩弘明「国語調査委員会の活動を探る――大槻文彦「国語調査委員日記」から」『一関市博物館研究報告』一三号、二〇一〇年三月
小岩弘明「大槻文彦「日本文典」立案過程の痕跡（その三）」『一関市博物館研究報告』一四号、二〇一一年三月

「国語の辞書をテストする」『暮しの手帖』第二世紀、一〇号、一九七一年二月
今野真二『『言海』と明治の日本語』港の人、二〇一三年
今野真二『「言海」を読む――ことばの海と明治の日本語』角川選書、二〇一四年
斉木美知世・鷲尾龍一『日本文法の系譜学――国語学史と言語学史の接点』開拓社、二〇一二年
坂本嘉治馬「挨拶」『大言海　文献集』冨山房、一九三二年
佐々木健一『辞書になった男――ケンボー先生と山田先生』文芸春秋、二〇一四年（文春文庫、二〇一六年）
佐滝剛弘『国史大辞典を予約した人々――百年の星霜を経た本をめぐる物語』勁草書房、二〇一三年
サンキュータツオ『学校では教えてくれない！　国語辞典の遊び方』角川学芸出版、二〇一三年（角川文庫、二〇一六年）
山東功『明治前期日本文典の研究』和泉書院、二〇〇二年
塩沢重義『国語学者松下大三郎博士伝』美哉堂書店、一九六一年
柴田武監修・武藤康史編『明解物語』三省堂、二〇〇一年
新村猛『「広辞苑」物語――辞書の権威の背景』芸術生活社、一九七〇年
新村恭『広辞苑はなぜ生まれたか――新村出の生きた軌跡』世界思想社、二〇一七年
鈴木啓孝『原敬と陸羯南――明治青年の思想形成と日本ナショナリズム』東北大学出版会、二〇一五年
鈴木マキコ『新解さんの読み方』リトル・モア、一九九八年
惣郷正明編『目で見る明治の辞書』辞典協会、一九八九年
高木まさき「榊原芳野伝覚書き――明治初期国語教科書編纂者の研究」『人文教育研究』二一号、一九九四年
高崎雅雄『思想善導連鎖握手国民礼』国民礼普及会、一九三三年
高崎雅雄『明治百傑殿』国民礼普及会、一九三五年
高崎雅雄『明治百傑略伝』国民礼普及会、一九三五年
高橋博美「『言海』の刊行をめぐって――宣伝方策への注視」『水門　言葉と歴史』二〇号、二〇〇二年
田中恵「大槻文彦の『言海』と地誌四著作――国家の輪郭形成をめぐって」『年報日本史叢』一九九九年
田中恵「大槻文彦にとっての表記と国民」『日本史学集録』二四号、二〇〇一年

田鍋桂子「『支那文典』注釈部分に見られる大槻文彦の文法意識」『日本語論叢』二号、二〇〇一年
田鍋桂子『支那文典』から「語法指南」へ――「六個地歩」における註釈を中心に」『早稲田大学大学院教育学研究科紀要別冊』九号―2、二〇〇二年二月
田鍋桂子「大槻文彦の著述――「です」の使用をめぐって」『ことばの海――国語学者大槻文彦の軌跡』一関市博物館、二〇一一年
田鍋桂子「国語調査委員会編纂『口語法』『口語法別記』の位置づけ」小林賢次・小林千草編『日本語史の新視点と現代日本語』勉誠出版、二〇一四年
田鍋桂子「大槻文彦の標準語観」『明海大学外国語学部論集』二七集、二〇一五年三月
東条操『方言と方言学』春陽堂、一九三八年
時枝誠記『国語学史』岩波書店、一九四〇年（岩波文庫、二〇一七年）
徳富猪一郎「団十郎と左団次」『大言海　文献集』冨山房、一九三二年
豊田実「一国文化の宝庫」『大言海　文献集』冨山房、一九三二年
中島耕二「J・H・バラ――日本基督公会の創設者」横浜プロテスタント史研究会編『横浜開港と宣教師たち――伝道とミッションスクール』有隣新書、二〇〇八年
永嶋大典「『ウエブスター』と『言海』」『国語学』六四号、一九六六年三月
長沼美香子『訳された近代――文部省『百科全書』の翻訳学』法政大学出版局、二〇一七年
永野賢「大槻文彦の『支那文典』編述の意図――その口語文法研究史における意義」『松村明教授古希記念国語研究論集』明治書院、一九八六年
中村淳「〈士人〉論――「士人」イメージの形成と展開」篠原徹編『近代日本の他者像と自画像』柏書房、二〇〇一年
「嘆かわしい〝権威〟ある辞典――『明解国語辞典』の新版を見て」『朝日ジャーナル』一四巻一五号、一九七二年四月一四日号
夏石鈴子『新解さんリターンズ』角川文庫、二〇〇五年
波平恒男『近代東アジアのなかの琉球併合――中華世界秩序から植民地帝国日本へ』岩波書店、二〇一四年

西山里見とＱＱＱの会編述『辞書がこんなに面白くていいかしら』ＪＩＣＣ出版局、一九九二年
バーク、ピーター（井山弘幸・城戸淳訳）『知識の社会史――知と情報はいかにして商品化したか』新曜社、二〇〇四年
橋本進吉『古本節用集の研究』東京帝国大学文科大学紀要第二、一九一六年
服部隆『明治期における日本語文法研究史』ひつじ書房、二〇一七年
早川勇『辞書編纂のダイナミズム――ジョンソン、ウェブスターと日本』辞游社、二〇〇一年
早川勇『ウェブスター辞書と明治の知識人』春風社、二〇〇七年
原田種成『漢文のすゝめ――諸橋『大漢和』編纂秘話』新潮社、一九九二年
原田信男『義経伝説と為朝伝説――日本史の北と南』岩波新書、二〇一七年
飛田良文編『国立国語研究所「日本大語誌」構想の記録』港の人、二〇一二年
広池千九郎『支那文典』早稲田大学出版部、一九〇五年
広池千九郎『てにをは廃止論』早稲田大学出版部、一九〇五年
藤岡勝二「辞書編纂法並に日本辞書の沿革」『帝国文学』二巻一、二、六、一〇号、一八九六年一、二、六、一〇月
藤崎済之助『台湾の蕃族』国史刊行会、一九三〇年
文化庁『国語施策百年史』ぎょうせい、二〇〇五年
『文体　日本近代思想体系16』（加藤周一・前田愛校注）岩波書店、一九八九年
ヘボン著・飛田良文・李漢燮編『和英語林集成　初版・再版・三版対照総索引』（全三巻）港の人、二〇〇〇年～二〇〇一年
星亮一『奥羽越列藩同盟――東日本政府樹立の夢』中公新書、一九九五年
保科孝一「五十余年の心血　感激の涙あるのみ」『大言海　文献集』冨山房、一九三二年
増井元『辞書の仕事』岩波新書、二〇一三年
松井栄一『出逢った日本語50万語――辞書作り三代の軌跡』小学館、二〇〇二年、ちくま文庫、二〇一三年
松井栄一『日本人の知らない日本一の国語辞典』小学館新書、二〇一四年
松浦寿輝『明治の表象空間』新潮社、二〇一四年
松尾捨治郎「学界の偉人大槻博士を訪ふ」『国学院雑誌』三一巻五号、一九二五年五月

松下大三郎「遠江文典」『新国学』八、九、一一号、一八九七年四、六、八月
松下大三郎『日本俗語文典』誠之堂、一九〇一年
松下大三郎『標準日本口語法』中文館書店、一九三〇年
松下大三郎著・徳田政信編『校訂日本俗語文典　付遠州文典』勉誠社、一九八〇年
松下大三郎・宮本静『中学教程日本文法』中等学科教授法研究会、一八九八年
松田京子『帝国の思想――日本「帝国」と台湾原住民』有志舎、二〇一四年
松村明「回想・この一冊　大槻文彦著『言海』」『国文学――解釈と教材の研究』一七巻一四号、一九七二年一一月
丸山正彦「卒業生諸君に望む」『国学院雑誌』一〇巻八号、一九〇四年八月
三浦しをん『舟を編む』光文社、二〇一一年（光文社文庫、二〇一五年）
宮田修（八杉貞利）『通俗言語学』博文館、一八九九年
武藤康史「国語辞典の利用者の系譜」『ハイカルチャー　近代日本文化論3』岩波書店、二〇〇〇年
村上広之「朝鮮に於ける国語純化の姿――主として漢字による固有名詞について」『言語問題』二巻六号、一九三六年六月
メール、マーガレット（千葉功・松沢裕作訳者代表）『歴史と国家――19世紀日本のナショナル・アイデンティティと学問』
東京大学出版会、二〇一七年
『明治屋百年史』明治屋、一九八七年
物集高量『百歳は折り返し点』日本出版社、一九七九年
森銑三『おらんだ正月――日本の科学者達』冨山房百科文庫、一九三八年（新編：岩波文庫、二〇〇三年）
諸橋轍次他『私の履歴書』第二四集、日本経済新聞社、一九六五年
文部省図書局調査課『国語調査沿革資料　付諸外国における国語国字問題に関する文献目録』文部省、一九四九年
文部大臣官房図書課編『臨時仮名遣調査委員会議事速記録』文部大臣官房図書課、一九〇九年
安田敏朗『辞書の政治学――ことばの規範とはなにか』平凡社、二〇〇六年
安田敏朗『「国語」の近代史――帝国日本と国語学者たち』中公新書、二〇〇六年
安田敏朗『国語審議会――迷走の60年』講談社現代新書、二〇〇七年

安田敏朗『かれらの日本語――台湾「残留」日本語論』人文書院、二〇一一年
安田敏朗「植民地支配と日本語」『日本語学』三六巻一二号、二〇一七年一一月
安田敏朗『近代日本言語史再考V――ことばのとらえ方をめぐって』三元社、二〇一八年
山田忠雄述『近代国語辞書の歩み――その模倣と創意と　上下』三省堂、一九八一年
山田俊雄「「日本辞書言海」完成祝宴における祝辞二種の筆記について」『国語学』一二二集、一九八〇年九月
山内七郎『小説「言海」』審美社、一九六五年
山室信一『思想課題としてのアジア――基軸・連鎖・投企』岩波書店、二〇〇一年
湯浅茂雄「『言海』と近世辞書」『国語学』一八八集、一九九七年三月
湯沢幸吉郎『廓言葉の研究』明治書院、一九六四年
ロリンズ、リチャード・M（瀧田佳子訳、本間長世解説）『ウェブスター　辞書の思想』東海大学出版会、一九八三年

辞典・事典類

『江戸語大辞典』（前田勇編）講談社、一九七四年
『国語学大辞典』（国語学会編）東京堂出版、一九八〇年
『大日本国語辞典』（上田万年・松田簡治共著）金港堂・冨山房、一九一五年～一九一八年
『日本国語大辞典　第二版』小学館、二〇〇〇年～二〇〇二年
『値段の明治大正昭和風俗史』（週刊朝日編）朝日新聞社、一九八一年
『明治時代史大辞典』（宮地正人・佐藤能丸・櫻井良樹編）吉川弘文館、二〇一一年～二〇一三年

インターネット検索

韓国歴史情報統合システム　http://www.koreanhistory.or.kr/
国立国会図書館デジタルコレクション　http://dl.ndl.go.jp/
国会会議録検索システム　kokkai.ndl.go.jp

安田敏朗 やすだ としあき

一橋大学大学院言語社会研究科准教授。近代日本言語史専攻。

東京大学大学院総合文化研究科博士課程修了。博士（学術）。

著作に、『漢字廃止の思想史』（平凡社、2016年）、『「国語」の近代史——帝国日本と国語学者たち』（中央公論新社、2006年）などがある。

あなたにとって本とは何ですか？

本に囲まれて育ったわけでも、古今東西の名作に親しんだわけでもない。愛書家でも蔵書家でもなく、愛読書とか、人生を変えた一冊とかいったたいそうなものも、もちあわせていない。そのうえ人文学研究者としての教養をおおきく欠落させている私にとって本とはなにか、と問われても答えにくい。本とは、部屋を占領するものであり、地震のとき頭に落っこちてこないか心配するものである、とあまのじゃくになってしまう。

思いかえせば、学部学生のころ、神保町の古書店街をよく歩いた。目当ての本を探すのではなく、専門書をみては研究の世界の奥深さを感じ、自分がもっと知りたいことを教えてくれそうな本や資料を漠然と求めていた。昔は「検索」といえば図書館のカードを一枚一枚めくっていくことであったし、図書館の蔵書の棚をながめたり、古書店の平積みの本の背を一冊ずつ確認していくことで、ぼんやりとではあったがいろいろと考えていったようにも思う。その結果か、偏った、体系的でない知識が身についてしまったけれども、あまり後悔はしていない。好き勝手にやってきたからではあるが、そろそろ、本を書くために読む、ということを少なくしていきたいとも思っている。

シリーズウェブサイト　http://www.keio-up.co.jp/sekayomu/
キャラクターデザイン　中尾悠

世界を読み解く一冊の本
大槻文彦『言海』
——辞書と日本の近代

2018年10月12日　初版第1刷発行

著　者————安田敏朗
発行者————古屋正博
発行所————慶應義塾大学出版会株式会社
〒108-8346　東京都港区三田2-19-30
TEL〔編集部〕03-3451-0931
〔営業部〕03-3451-3584〈ご注文〉
〔　〃　〕03-3451-6926
FAX〔営業部〕03-3451-3122
振替　00190-8-155497
http://www.keio-up.co.jp/
装　丁————岡部正裕(voids)
印刷・製本——株式会社理想社
カバー印刷——株式会社太平印刷社

Printed in Japan　ISBN 978-4-7664-2554-3

世界を読み解く一冊の本　刊行にあたって

書物は一つの宇宙である。世界は一冊の書物である。事実、人類は世界の真理を収めるような書物を多数生み出し、時代や文化の違いをこえて営々と読み継いできた。本シリーズでは、作品がもつ時空をこえる価値を明らかにするのみならず、作品が一冊の書物として誕生し、読者を獲得しつつ広がっていったプロセスにも光をあてる。書物史、文学研究、思想史、文化史などの第一人者が、古今東西の古典を対象として、その作品世界と社会や人間に向けられた眼差しをわかりやすく解説するとともに、そもそもその書物がいかにして誕生し、読者の手に渡り、時代をこえて読み継がれ、さらに翻訳されて異文化にも受け入れられたのかを書物文化史の視点から考える。書物の魅力を多角的にとらえることで、その書物がいかにして世界を読み解く一冊の本としての位置を文化のなかに与えられるに至ったかを、書物を愛する全ての読者に向かって論じてゆく。

二〇一八年十月

シリーズアドバイザー　松田隆美